年収1600万円の霊能サラリーマンが実践する

強運・金運を呼ぶ
5つの習慣

「自分神様」と つながる！

サラリーマン霊能者
とみなが夢駆《むんく》

ナチュラルスピリット

はじめに

いきなり突然ですが、質問です。

あなたは今、幸せですか？

「はい、１００パーセント諸手を上げて幸せです！」と答えられる人はほとんどいないのではないでしょうか。私は完璧に幸せで現状に不満は一切ありません、という人ならそもそも、この本を手に取ることもないでしょう（笑）。

「この世から消えてなくなりたいと思うほど不幸ではないけれど、１００パーセント幸せとも言い切れない、まあボチボチかな〜…」という人が大半ではないでしょうか。

こんな本を書いてる僕が言うのもなんですが、僕自身も、「じゃあ、あなたは１００パーセント幸せですか？」と聞かれたら、胸を張って、「はい」と答える自信はありません。

僕は、普通の人の目には見えない〝霊〟と呼ばれる存在や、人のオーラが見えるなど、いわゆる「霊能力」と呼ばれるヘンテコリンな能力を持っていますが、普段はごく普通のサラリーマンとして生活しています。

毎日電車に揺られて通勤し、忙しい時はそれなりにストレスもたまります。霊能力があってオーラが見られるから、普通の人より仕事が10倍速くこなせる、というようなこともありません。むしろ会社での業務をこなすことにはほとんど役に立たないムダな能力です。ですから会社での仕事や人間関係のことなど、まだまだ現状に不満もたくさんあるし、仕事のこと以外でも、もっとこうなって欲しい、ああなってくれたらいいのに、と思うことも山ほどあります。

さて、米ハーバード大学で1939年から80年以上もの長期間に渡って行われた研究があります。これは「人類史上もっとも長く成人を追跡した研究」と言われています。

その研究のテーマは、

「人が健康で幸せに生きるために、本当に必要なものは何か?」

というものです。

研究対象になったのはふたつの成人グループで、ひとつは大都市ボストンで経済的に恵まれない環境で育った人たち約460人、もうひとつのグループはハーバード大学を卒業した約270人。この2グループの人たちの人生の成り行きを、ずっと追い続けて比較するという調査と研究をしたのです。

ハーバード大学といえば日本では東大・京大のような超エリート校です。片や、もうひとつのグループの中には上下水道もまともに整備されてないような極貧家庭で育った人もたくさんおり、最終学歴ももちろん低く、ハーバード大を卒業したグループに比べて、働き出してから高収入を得られる仕事や高い地位についた人の割合も低いであろうことは容易に想像できます。

このふたつのグループの調査対象者たちには、様々なアンケートへの回答や家庭訪問といった生活調査はもちろん、血液検査や脳のスキャン画像比較といった医学的なものまで、徹底的な比較研究が行われました。

そして80年もの長きに渡る追跡調査と研究を行った末に得られた結論は、

人が、自分の人生を幸せだと感じられるのに必要なものは、お金でも地位でも名誉でもなく、**「本当に心を許し合い、親密な関係を築いた人が、どれだけ自分の近くにいるか」**というものでした。

たくさんのお金や資産を持っていて大きく立派な家に住んでいる、とか、頑張って高い地位まで上りつめて周囲の人からも賞賛される、ということは、その人が感じる幸福度とあまり関係ありませんでした。

例え結婚していたとしても、愛が冷め切ってロクな会話もない「仮面夫婦」ではダメで、子供がいても嫌われて疎遠になっていたら、そんなに幸せだとも感じられません。友達が数だけはたくさんいて、SNSだけのつながりで実際には会ったこともないネット上の友達やフォロワーが何千人いたとしても、幸福とは無関係です。

愛し合う夫や妻と共に暮らし、気を使ってちょくちょく電話をくれたり家に訪ねてくる子供や孫がいて、一緒にバーでビールを飲みながらビリヤードを楽しみ、病気やケガで入院したらお見舞いに駆けつけてくれる友人たちがどれだけ近くにいるか…で、幸せだと感じられるかどうかが決まる、という結論でした。

近年、「孤独死」というワードがニュースをにぎわせています。身寄りがなくひとりでアパートなどに住む、経済的にもあまり恵まれていないお年寄りが、死んでも誰にも気づかれず、死後何日も経ってようやくアパートの管理人などに発見される、というケースです。人との関わりが比較的密な地方の田舎より、隣近所の人同士の関わりや人間関係が希薄な都会の方が、この孤独死も多く見られる傾向にあります。人が多く集まれば集まるほど人はかえって孤独になる、という現代の日本社会の皮肉です。

そして人というのは、このハーバード大学の研究からもわかるように、孤独だと幸福感を得にくくなってしまいます。孤独は心だけでなく体の健康にも悪影響を与えます。「ウサギは独《ひと》りぼっちだとさみしくて死んでしまう」という〝都市伝説〟があります。これは実はデマで誤りなのですが、孤独だと本当に死んでしまうのはむしろ人間なのです。

では次に、もうひとつ質問です。

あなたは、自分の未来に不安を感じる時がありますか？

バブル崩壊以降、日本は経済力をすっかり失い、平均賃金も20年間以上横ばいのまま、いつの間にやら先進国の中でも最下位の貧乏な国になってしまいました。

平均寿命だけは延びたものの少子高齢化はますます進み、マジメに働いて納めている年金も、僕らが働けない老人になった時、いくらもらえるか定かではありません。

一方で資産1億円以上の富裕層は増え続け、野村総研の調査では、その数は2009年から2019年までの10年間で2・8倍と約3倍も増えています。それだけ所得格差が広がっているということです。

少子高齢化、著しい経済衰退と吹き荒れるリストラの嵐、派遣社員はクビを切られまくりでますます広がる格差社会…日本の未来には、希望を見いだせる明るい材料はあまり見当たりません。

それでも、もし僕が「自分の未来に不安を感じる時はありますか？」と質問されたら、

「まったくありません。未来への不安はゼロです！」

と胸を張って答えます。

現状にはまだ不満なところもありますが、僕のこれからの人生はますます楽しくなっていくだろうし、波はもちろんあるけれど右肩上がりにどんどん幸せになっていくだろう、と確信しています。

なぜだと思いますか？

僕は、僕の後ろに**「自分神様」という存在がいることを知っているから**です。

姿は目には見えないし声も耳には聞こえないけれど、その「自分神様」はどんな時にも僕のそばに寄り添い、僕を応援し、そして僕がもっと幸せな人生を歩んでいけるよう、陰ながらいろんなサポートをしてくれていることを知っているからです。

なぜ知っているかというと、僕は30代のある日、いわゆる霊能力と呼ばれる不思議な能力が開花して、「自分神様」と会話できるようになったからです。

前述したハーバード大学の研究のように、人間というのは孤独だと、自分を幸せだと感じられません。ですが僕は、常に自分のそばに、それこそ死ぬ瞬間まで「自分神様」がいて守ってくれていることを知っています。この「自分神様」と交流できるようになって以来、僕は本当の意味での「孤独」というものを感じなくなりました。ですから僕は、自分の未来に一切の不安はない、と言いきることができるのです。

人を不幸にするのは孤独です。でも、例えこれから先どんな困難が立ちふさがろうと、僕はけしてひとりではないから、必ず乗り越えられるに違いない、と確信しているのです。

「自分神様」は僕らのそばで、ただボーっとつっ立っているのではありません。みなさんが幸せな人生を歩んでいけるよう、陰ながらいろんな応援やサポートをしてくれています。

そして「自分神様」が望むような生き方をちゃんとできていれば、「自分神様」からのたくさんのサポートもより強固になり、より幸せな人生を歩んでいけるようになって、それに比例するように運勢もさらに上がっていくのです。

もしかしたら、あなたがこれまで生きてきた境遇は、あまり恵まれたものではなかったかもしれません。あるいはこの先、大きな逆境があなたを待ち受けているかもしれません。

ですが、常にあなたのそばであなたを見守ってくれている「自分神様」の存在を信じ、そしてあなたの「自分神様」があなたに望むことをしていれば、**大難は中難に、中難は小難になっていき、そして自分でも気づかぬうちに幸運に恵まれ、さらに幸運を引き寄せるアイデアもたくさん出るようになっていくのです。さらにその幸運を運んできてくれる人との出会いやご縁も増えるのです。**

そのために、これから紹介していく、「自分神様」との絆をより強いものにする、ちょっとした工夫や習慣を、ご自身の日々の生活に取り入れてみてはいかがでしょうか。

「自分神様」の姿は、ほとんどの人には見えないでしょうし、その声も聞こえないでしょう。ですが「自分神様」は確実に存在し、あなたにもっと幸せになって欲しいと心から願い、応援してくれているのですから。

目次

第2章　人に喜ばれることをやろう

第3章　直観力を磨いて自分神様とつながろう！

第4章　自分神様とつながって金運を上げよう！

第5章 瞑想で「自分神様」ともっとつながろう！

第1章

あなたに寄り添い見守ってくれている「自分神様」に頼ろう!

「自分神様」ってなに？

これまでの人生で自分自身や身内に大変な事件・事故や不幸なことが起こり、心の中でこんなことを思った経験はありませんか？

「この世には神も仏もいないのかよ…」なんて。

でもね…**いるんですよ、実は！** その神様は、キリスト教の宗教画に描かれているような後光がまぶしいイエス・キリストの姿をしているわけでもなければ、仏像や観音像のような荘厳な姿をしているわけでもありません。

そして、はるか上空の宇宙の彼方《かなた》から地球を見下ろして、我々人類の動向をすべて見守ったり監視したりもしていません。

なんと「神様」はあなたのすぐ後ろで、いつもニコニコと微笑みながら、あなたのことを見守ってくれているのです。そして本当に必要な時には、無償の愛で、全力の手助けをあなたにしてくれているのです。

そして、その存在を心から信じて、助けて欲しい、頼りたい、と思い願うだけで、人生は好転し、運気は上昇し、金運までもアップするのです！

人によっては、こういう存在を「守護霊」、または「ガイド」とか「ハイヤーセルフ」と呼んだりします。

でも、そのような高次元の存在も、今生きている僕たちと同じく、現在よりはるか昔の、過去の地球のいろんな国や時代で人生を送り、そして死に、また生まれ変わって新たな人生の修行を始めるという、幾度となく数えきれない「輪廻転生」を繰り返してきたのです。

そしてこの世での十分な魂の学びを得て、現世で「人」としての修行を終え、この世の世界を〝卒業〟し、物質的な肉体を持たず高次元のエネルギー体として存在しながら、今度は、この現世で生きている僕たちの後方支援部隊となっていろんなサポートをする役割を果たしてくれているのです。

そして、そのような存在が僕らに望むことは、我々の暮らすこの現世より、もっとさらにはるかな高次元の世界である「全宇宙」の意志（これを「神様」と考える人や宗教も多いでしょう）が望むような生き方をしてくれるといいなぁ…ということなのです。

しかも、僕らの後ろにいて常に見守ってくれている存在は、**この全宇宙の意識とダイレクトにつながっています。**現代のインターネットに例えるなら、超高速の光回線でサーバーとLANがつながっているようなイメージです（全宇宙と「自分神様」、そして現世に生きる私たちのつながり方をパソコンやインターネットに置き換えてイメージするとわかりやすいことが多いです）。

つまり、僕らひとりひとりの後ろにいる高次元の存在の意志は、無限に広がる全宇宙の意志とひとつでもあるのです。

ですから、僕は、いつも僕らのことを見守り陰ながら励ましてくれている、このありがたい存在のことを、あえて**「自分神様」**と呼ぶことにしました。いつも「自分」のそばにいてくれる「神様」だからです。

僕の「自分神様」はこんな人

なぜ僕がこんな、目にも見えない世界のことを、さも見てきたことのように言えるかというと、詳細は後述しますが、僕は30代の頃に「ヘミシンク」®というアメリカで開発された、特殊音響の入った瞑想の補助CDを聞きながら瞑想して脳のトレーニングを地道に続けていました。

すると、ある日突然「第3の目が開いた」というか、脳内にまったく新しい、五感を超える知覚を得られたというか、とにかく普通の人には見えない存在を知覚し、この目でも見られるようになり、**「自分神様」と会話もできるようになったのです。**

僕が会話できるのは「自分神様」のような高次の存在だけではありません。もう20年近くも前に亡くなった母親とも仏壇の前でおしゃべりできますし、あまり見たくはありませんが、自殺の名所と呼ばれるような場所に行くと、悲しくさみしい顔をしたユーレイの姿がうじゃうじゃ見えます。

ちなみに僕の上に常にいる僕自身の「自分神様」で、僕がはっきりと知覚し日常的にコミュニケーションを取っている存在は2名です。

まずひとり目は「ガンさん」。

僕がこの不思議な能力に目覚めた時、僕の脳内に新たに構築された知覚認識野《や》に初めて現れた存在です。ルックスは、ものすごいおじいちゃんで、腰まで届く長い白髪と、首まで届くような長く白いひげをたくわえ、目は青く肌は抜けるように白く、手には木製の長い杖を持っています。

日本でも大ヒットしたファンタジー映画『ロード・オブ・ザ・リング』で、ガンダルフという魔法使いが主要人物として活躍しますが、まさにそのガンダルフそっくりの姿です。それで僕は彼をガンさんと呼ぶことにしました。

僕が小さな悩み事を抱えていて誰かに相談したいな〜と思った時などに、真っ先に僕の脳内に現れて、僕の話を聞いていろんな相談に乗ってくれます。でも、どんな相談をしてもほとんどの場合「大丈夫だよ、何とかなるから心配しなくていいよ」としか言わないので、相談相手としてはビミョーですけど（笑）。

そしてもうひとりは「猫さん」。

毛並みがとても美しいシャム猫の姿をしています。普段はほとんどしゃべることはなく（猫だから？）、僕を優しいまなざしで見つめるだけですが、ここぞという時や、本当に僕が精神的にヤバくなりそうな状況に追い込まれそうになると、ふと現れて、グサッと心に刺さるアドバイスをしてくれます。

そして、これからこの本でお伝えするのは、これまで15年以上に渡る、僕と僕の「自分神様」との対話の中で得た様々な知識や、「自分神様」たちからのアドバイスなどのエッセンスを、テーマごとにギュッとまとめたものです。

僕の「自分神様」は本当にいた！

ところで、東京都内で活動している、レイキヒーラーのAさんという、すごい霊能力者がいます。名前を伝えただけで、その人はどんな性格でこれまでどんな人生を歩んできて、そして今どんなことを考えているか、ぜ〜んぶわかってしまう、僕なんか足元にも及ばないすごい能力を持っています。

僕の妻が、僕と結婚する前から本当に困った時は何度も、このA先生に相談しており、あまりに当たるので心の拠り所として頼ってきておりました。

そんなある日、僕も仕事がらみのトラブルでどうしようもなく困ったことが発生し、相談に乗ってもらうことにしました。

僕もいくら「自分神様」とコンタクトが取れるとはいえ、より具体的に、そして詳細に、この案件はこう対処したらいいとか、この人はこういう性格だから、こういう風に付き合った方がいい、といった細かいアドバイスが欲しい時は、やはりそこは「餅は餅屋」です。ピンポイントで短期集中的なアドバイスが欲しい時は、彼女のような一流のプロに相談した方が、手っ取り早く的確なアドバイスがもらえる場合もあります。

そこで後日、A先生に実際にお会いして深い話をする機会を得ました。

すると、面談して最初に言われたひと言に、ますます驚くことになりました。A先生は僕の頭の上の方をちょっと眺めた後、

「あなたの守護霊は、猫の姿をした高次の存在ですね」

と言ったのです。もちろん僕はA先生には、自分の能力のことや、僕には猫の姿をした高次の存在が守り神のようについているのが見えている、なんてことも一切伝えていないのにも関わらず…。

この時、「あ〜、見える人には本当に見えるんだな〜」と驚くとともに、僕が知覚している「猫さん」は、僕の想像でも妄想でもなく、確実にこの宇宙のどこかに実在しているのだ、と確信することができて、大変うれしい思いでした。

このA先生のようにプロの霊能者として活躍しているような人ではなく、僕のような普通のサラリーマンが、「みなさん！　みなさんの後ろには『自分神様』という存在がいるんです！　僕には見えるんです！」と言っても、「はぁ？　何言ってるの？　妄想でも見てるか頭がおかしいんじゃないの？」と思われるかもしれません。ですが、ものすごくよく当たる霊能者の先生も、僕が知覚しているのと姿形がまったく同じ存在を確かに見ているのです。つまり見える人には見える、ということなのです。どうですか？　「自分神様」って本当にいるのかも…と思えてきませんか？

「自分神様」はすべての人に寄り添い見守ってくれている

では、すべての人の後ろには「自分神様」がついてくれているのに、なぜ多くの人を悲しませるような狂気の犯罪者が現れたり、世をはかなんで自死を選ぶような悲しく哀れな人生を送らざるを得なかった人や、ヒトラーのような何万人もの罪もない人々を虐殺したひどい独裁者が現れたりするのか？……と疑問に思う人もいるかもしれません。

このようなひどい人生を送った人間の後ろには「自分神様」はいないのでしょうか？　いえ、そんなことはありません。この地球上で生きるすべての人の後ろには「自分神様」がついていていて、サポートをしてくれているのです。

ですがしかし。ここでみなさんに強くお伝えしたいことがあります。

「自分神様」は、僕らのサポートは確かにしてくれていますが、僕らのマネージャーでも執事でもなければ家政婦のような世話係でもありません。

僕らがいい人生を送れることを心から願い、サポートもしてくれてはいますが、基本的には僕らの主体性や自主性を最大限に尊重し、僕らが人生の選択を自らすることを望んでいるのです。母親が赤ん坊の世話をしたり、ヘルパーさんがご老人の介護をするように、僕らの世話を手取り足取りしてくれるというわけではありません。

基本的にはほったらかしです。それはなぜでしょう？

この「現世」は、輪廻転生という宇宙における大きな枠組み、大きなシステムの中での修行の場だからです。僕らが今人生をまさに送って生活している「この世」とは、漫画『ドラゴンボール』に出てくる「精神と時の部屋」なのです。ロールプレイングゲームでいえばトレーニングのダンジョンなのです。

だから、僕らの人生の方向性を決める主体は、あくまで僕らです。うれしい時も悲しい時も、どんなにつらい状況になろうとも、では次にどのような選択をし、どのような行動をとり、どの道に進もうとするのかを決めるのは、あくまで僕たちなのです。

ガイドさんは、カーナビのように、このまま真っすぐ進んでください、そして次の角を右に曲がってください、と僕らに指示を出してくれるわけではありません。

そんな手厚く過保護な扱いをしてしまったら、僕らの魂はいつまで経っても成長できず、人の手助けに甘えてしまってばかりになります。修行にもトレーニングにもならず、下手をすると自分で考えて行動することすらしなくなるでしょう。

僕らがそんな人間に成り下がり、誰かに甘え切った人生を送ることは、僕らを見守っている「自分神様」にとって、そして全宇宙の意志にとっても本意ではないのです。

ではなぜ、僕らは、こんなつらいことや悲しいことだらけの「この世」にわざわざ転生してきて、悩み苦しみながら生活を送っているのでしょうか？　なぜ僕らは、わざわざ苦しむために、この世に生まれてきたのでしょうか？　僕らの魂はドMだからなのでしょうか？

ぶっちゃけ**「あの世」は、すごく退屈だから**なのです。

あの世は基本的にとても穏やかな世界で、心を苦しめる悲しい出来事も起きなければ、つらく苦しいことも起きません。晴れたきれいな青空に浮かぶ白い雲の上に寝転がっているような、そんな平和な世界です。

でも、ずっとそんな平和な世界にいて、のんびりとなんのハプニングも起きないところに居続けたままで、人の魂は成長するでしょうか。魂や精神性というものは、つらく悲しいことから学ぶこともたくさんあるし、そのような体験があるからこそ、穏やかで苦痛のない状態のありがたさというものがわかりますよね。大病を経験した人は、普段健康で体調になんの異常もなく元気に過ごせることがどれだけありがたく素晴らしいことかがわかります。それと同じです。

魂は、成長したいのです。

もっと優しく、そして強くなりたい、もっと大きくなりたい、そしてもっと深い愛を知りたい…。

そのために、わざわざ穏やかな「あの世」を離れて、苦しみや悲しみに満ち溢れた「この世」へと舞い戻ってくるのです。遊園地のジェットコースターに乗り、お化け屋敷にわざわざ入って、「ワーッ！　キャー怖い～～～!!」と叫びたいから、この世へ転生してくるのです。

僕らのこの世での人生経験は、うれしいことや楽しいことばかりではありません。むしろつらいことや悲しいことの方がたくさんあります。ブッダは「そもそも人生というものは、つらいのがデフォルトだ」、と説いたという話もあるくらいです。

もし毎日、三つ星の超高級フレンチレストランで豪華なディナーばかり食べていたら、いつかそれが当たり前になってしまい、食べることへのありがたみがマヒしてくると思いませんか？　地方に旅行して、地元で採れた炊き立てのおいしいお米と、丁寧にダシを取った味噌汁を一口食べた時、「あ〜うまいな〜」と感動したことはありませんか？

人生、時につらいことや悲しいことが起き、病気になったりした後こそ、楽しさや笑いや健康のありがたみがわかるというものです。僕らは、人生を生きる喜び、楽しみ、そして人の優しさ、これらをつき詰めてひと言でくれば「愛」というものの素晴らしさをあらためて再確認するために、この世に転生してきたのです。

この**輪廻転生という広大な宇宙のシステム**があるからこそ、僕らの魂も成長を続けられるのです。

また「この世」に戻ってくる時は、ごく一部の人を除いて基本的に「あの世」にいた時の記憶は完全に抹消されて、お母さんのお腹からオギャーと生まれてきます。

なぜ記憶を抹消するかというと、この世でつらく悲しい出来事に押しつぶされそうになった時に、あの世に帰りたくなってしまうからです。つらいことがあったからといって、また穏やかなあの世に逃げ帰ってしまうのであれば、いつまで経っても人間の魂は成長しません。「この世」でつらく悲しいことも、楽しくうれしいことも全部ひっくるめて、いろんな体験をするために、僕らはこの世へと転生して来たのです。

とはいえ、人間、生きていれば、どうしようもない苦しみや深い悲しみにさいなまれ、自暴自棄になってしまいたくなる日というのも、どこかで必ず訪れることでしょう。

その重圧に完全に押しつぶされて、生きる喜びや楽しみを完全に感じられなくなるくらい最悪の状態に追い込まれないよう、「自分神様」たちは僕らの見えないところで、いろんな援助をしたり、例えば自分の窮地を救ってくれるような人に出会う「ご縁」を結んでくれたりするといった様々な形で、直接的、または間接的に僕らを助けてくれているのです。

「自分神様」とつながるのに霊能力はいらない

ところで、僕のような「自分神様」とじかに会話できるような特殊な能力を持つ人間でなければ、僕らを日々見守ってくれている自分神様からメッセージを受け取ったりサポートを受けたりできないのでしょうか？　いえいえ、そんなことはありません。

「自分神様」はいろんな形で、間接的に、あるいは直接僕らに伝わるインスピレーションのような形で、常に僕らにメッセージを送ってくれているのです。

その一例として、僕の友人が実際に体験した、「自分神様」とコンタクトしたおかげで、ひどい奥さんとの離婚に至ったエピソードをお話ししましょう。

彼は僕の大学の同級生で、社会人になってからもずっと仲良くしていたのですが、ある日突然「妻と離婚したよ」というメールが届きました。

とても驚き、「どうしたの？　何かあったの？」と返信すると、「不思議なことが起きたのがきっかけなんだよ。メールでは長くなるから今度飯でも食べよう」ということになり、後日、酒を酌み交わしながら話を聞くことになりました。

彼はとても優秀で性格もマジメ、しかも超大手企業に勤める高給取り。僕と違って出世街道を猛進中で、仕事も夜遅くまで残業する日が続いたりと、いつもとても忙しそうでした。

大学を卒業して5～6年した頃、関西地方の、とある街の支社に転勤になり、その地で、地元で生まれ育った女性と出会い、結婚しました。

結婚後すぐに子宝にも恵まれたのですが、お子さんが小学校に入学した数か月後に、また東京にある本社に呼び戻されることになったのです。

普通なら家族みんなで東京に引っ越すところですが、東京で暮らすことに奥さんが猛反対。お受験を頑張って、地元の有名な私立の小学校にせっかく入学できたのに転校させたくない、東京のような馴染みのない大都会で暮らすのは不安だし子供の環境にもよくない、東京は物価が高いし家賃も高いから住む家も狭くなるｅｔｃ…とにかくいろんな理由をまくし立てて、絶対に東京では暮らしたくないと言い張ったのだそうです。

子供のこともあるし…と結局彼は東京で家族みんなで暮らすことをあきらめ、また東京でのさみしい単身赴任というひとり暮らし生活に戻ってしまいました…。

しかもそれから1年も経たないうちに、その奥さんが「実家の近くに素敵なマンションが建つことになったから、どうしてもこのマンションを買いたい！」と言い出してきたのです。

もともと彼も奥さんが生まれ育ったその街が気に入っており、定年退職した後はそのマンションを終《つい》の棲家にすればいい、という奥さんの猛プッシュにも押されて、なんとそのマンションをローンを組んで購入してしまったのです。

最初のうちは2週間に一度はその家に「帰宅」していましたが、その奥さんがとてもケチな人で、マンションのローンも抱えているし、子供ももうそんなに手がかかる年齢でもないし、そんなにちょくちょく帰ってくるのは新幹線代がもったいない…という、よく考えればひどい理由をつけられ、しかも家計は奥さんが握っていたため、家族と会える回数もだんだん月に1回、2か月に1回…と減らされていったそうです。

「今にして思えば、オレとの結婚も金目当てで、計算ずくで最初からそうするつもりだったんだろうね」と苦笑いを浮かべながらビールをグイッとあおると、話を続けました…。

彼には、東京で暮らす最低限のお金が毎月振り込まれて、もともと彼もお金に無頓着な性格だったため、奥さんを信頼して家計の管理はすべて奥さん任せだったそうなのですが…。

そんなある日の休日のこと。ひとり東京で暮らす、さみしいマンションのリビングで、とてもマジメな性格の彼は、こんなことを考えていたそうです。

「仕事のためとはいえ家族と離れて暮らし、自分は父親として、そして夫として、ちゃんと立派に責任を果たせているのだろうか？」と…。

すると突然、脳内に、

「あら？　あなたの妻は、ちゃんと妻としての責任を果たしている、いい妻なのかしら？」

という女の人の声が響いたのだそうです。

妻を頭から信じて1ミリも疑っていなかった彼は、突然聞こえてきた女の人の声とその内容に、とても驚きました。

いったい妻は、僕の知らないところでどんな生活をしていて、お金もどう使っているのだろう…と疑念を抱くようになりました。

そこで彼は自分の給料が振り込まれている銀行口座の取引履歴を照会し、弁護士のところに相談に行きました。すると弁護士はこう言い放ったそうです。

「あ〜、これは妻が夫に内緒でへそくりを貯める典型的なやり口ですね。しかも金額を合算すると、かなり悪質ですよ」

銀行の取引履歴をよく見ると、10万円単位の一定額がたまったところで、そのお金がすべて現金で引き出され、そのお金がどこに「消えた」のか、もう追うことができなくなってしまっています。「家庭内マネーロンダリング」です。しかも、そのへそくりらしき金額を合計すると、1千万円を超える額になっていたそうです。

弁護士曰く「おそらく夫のあなたには内緒で、一度現金で引き出したお金を、奥さん自身があなたに内緒で開設した秘密の口座に全部まとめて預けているか、貸金庫でも借りて債権や純金に変えて預けているのだと思いますよ」とのこと。

完全に妻を信用できなくなった彼は離婚裁判を起こし、行方不明になったお金の行方も弁護士の力を借りてかなり調べたのですが、結局1千万円をゆうに超えると推計される「へそくり」のありかを見つけることはついにできなかったそうです。その金額になるまでまったく気づかなかった彼も、お人よしといえばあまりにお人よしというか、お金の管理に無頓着過ぎたのかもしれませんが…。

彼がお金に無頓着で、しかも自分が信用されているのをよいことに、夫に内緒の推計1千万円以上にも及ぶ蓄財を10年近くやり続けてきた、というわけです。

しかし嘘というのは、いつか必ずどこかでバレるものです。そしてこの奥さんの嘘がバレたきっかけは、なんと夫の脳内にある日突然響いた**「謎の女の人の声」**だったのです…。

「このまま定年退職まで働いてたら、ずっとへそくりをこっそり貯められて、で、退職金をもらった瞬間にその半分を持ってオレと離婚して、金は十分もらったからバイバ〜イ！ってことになっただろうね。想像しただけでもゾッとするけど、そうなる前に離婚できたからよかったと思うよ。結局、金目当ての女と結婚したオレに人を見る目がなかったってことだけど…」

「まあ生涯かけて稼いだ全財産をむしり取られる前に気づけてよかったじゃん」と、僕が慰めにもならない励ましを言うと、彼はふと遠い目をしながら、こう続けました。

「しかし、**あの謎の女の人の声…**あれ、いったいなんだったんだろ…不思議なこともあるもんだよな〜…」

親しい友人とはいえ、僕に不思議な能力があり、いろんなことが見えることは彼には伝えていないので、これ以上は言いませんでしたが、おそらくその不思議な声の主は、彼の後ろに立っている、十二単《ひとえ》を着た平安貴族のような姿をした女性だと思います。

僕の見立てでは、おそらくこの高貴な服装の女性は、彼の遠い昔のご先祖様で、彼はもちろん、彼の親の代よりもっと前から、彼の一族を守り、陰ながら支え、時にはこのような助言を与えてくれる高次元の存在でしょう。

彼はその「自分神様」の忠告のおかげで、金目当てで結婚した守銭奴のような奥さんと、無事離婚することができた、ということです。

さて、ここでひとつの疑問が起きることでしょう。

そんなにひどい女性なら、なぜ「自分神様」は、その人と結婚する前にストップをかけてくれなかったのか？　ということです。

おそらくですが、彼の「自分神様」は、いろんな形で、この人とは結婚しない方がいいよ、というメッセージを結婚する前に彼に伝えていたと思います。ですが恋は盲目、とはよく言ったもので、いざ結婚に向かって走り出すと、人というのは周りの声は耳に入らなくなるものです。周囲の猛反対を押し切って結婚しました、なんてエピソードもよく聞く話です。

おそらく彼も、結婚しようと猪突猛進している時は、もし両親や周囲の友人知人はもちろん、例え「自分神様」が反対のメッセージを送ったところで、彼の耳には届かなかったでしょう。

「自分神様」にお願いをする時の〝呪文〟を公開

前述したように「自分神様」はあくまでもサポート役なので、**最終的には、その人がこっちに行きたいと決めたことを無理やり止めたりはしません。**最大限その人の意志を尊重します。失敗から学ぶこともたくさんあるよね、ということを「自分神様」はとてもよくわかっているからです。だから本人のやりたいようにやらせて、あえて〝失敗〟という貴重な学びのチャンスを意図的に与えるということもあるのです。

でもこれって、なんでもかんでも子供の言いなりになって子供にわがまましをさせるダメな親に比べたら、とてもありがたい存在だと思いませんか？

例えその人が失敗の方向に向かっていたとしても、ギリギリのラインまでその人の自主性、自己判断に任せ、その人の後ろで、最後まで温かく見守り、そしていよいよこれ以上進んだらヤバイ、となったところは、キチンとフォローしてくれるのですから。しかもたくさんの愛情とともに。

では、「自分神様」が窮地を救おうと、こうして毎日のように送ってくれる様々なメッセージを受け取るのに、特別な「霊能力」みたいな力は必要なのでしょうか？　僕のようにアメリカで開発された特殊音響の入った音源を聴きながら長いこと毎日瞑想をやり続けないと、「自分神様」からの声は聞こえるようにはなれないのでしょうか？

いえいえ！　全然そんなことはありません！

これからお伝えする、たったふたつのことを、できるだけ心がけるようにするだけでいいんです。

まずひとつ目は、自分のすぐ近くに、いつも自分をサポートしてくれている目には見えない存在がいてくれているのだと**「心から信じ切り、心から頼る」**という気持ちを大切にしましょう。

そして**「自分神様」に心から願い事をすること**です。

願い事をする、といっても「年末ジャンボ宝くじで一等賞が当たりますように」とか「今度の仕事のプロジェクトが無事成功して課長に昇進しますように」とか「あの素敵なカレと両想いになって付き合えますように」なんていう、個別の具体的な案件について一個ずつお願いする必要はありません。

ここで、「自分神様」にお願いをする時の、とても効果てきめんな、たったひとつのお願いの〝呪文〟をお教えしましょう！

そのお願いとは…

「いつも見守ってくれてありがとうございます。
私が本当にヤバイ方向に行きそうになった時だけ、全力で止めてください！」

ただ、これだけでＯＫなのです。

「自分神様」は、あなたのあずかり知らぬところで、あなたの仕事や恋愛や、すべての日常がうまく動くように、宇宙の方で時空を超えていろんな形で動いてくれているのです。

これまでの人生で、今の自分があるのはあの人と出会えたおかげだ、と感謝している友人・知人や恩師の人、いますよね？　あるいは、あの時あんなことが起きたおかげで、あれがあの後すごくうまくいった、なんていう経験、みなさん大なり小なりあると思います。それを素敵な「ご縁」とよく言いますよね。

実は、**こうした「ご縁」を結びつけてくれるというのが、僕たちが気づかない「自分神様」の一番大きな働き**なのです。

毎日毎日、ことあるごとに「自分神様」に感謝の思いを告げる、というのはもちろん素晴らしいことですが、人間、生きていればそう四六時中神様のことを考えてばかりもいられません。毎日の仕事や家事や育児、そして恋愛にと忙殺され、ましてや目に見えない存在に対してなんて、毎日何度もありがとうございますと言いなさい、祈り、そして願いなさい、といっても、よほど信心深い人でなければ無理というものでしょう。

よく「困った時の神頼み」と言います。普段は神様のことなんて考えてもいないのに、困った時だけ神様お願いします、助けてくださいと泣きつく、というあまり信心深くない人を揶揄《やゆ》する意味合いで使われますが、実はこれでいいんです！　十分なんです。

なぜなら「自分神様」は、僕らがわざわざお願いなんてしなくても、３６５日24時間、その人が幸せな人生を送れるように常にサポートしてくれているからです。

そしてそれが本来の姿であり、**「自分神様」が全宇宙から与えられた使命**だからです。

僕たちひとりひとりが幸せだな〜、生まれてきて、そして生きててよかったな〜と思える、ということが、巡り巡って宇宙全体の幸せへとつながる、そのサポートをする使命を、宇宙から与えられているのです。

次に、日常生活の中で心がけておくといいことのふたつ目です。それは、

「テンパった時ほど、落ち着いて深呼吸」

です。

前述したように、僕が不思議な能力に目覚めてからかれこれ15年以上経とうとしていますが、その中で学んだことのひとつが、

「自分神様」からのメッセージを受け取りやすい精神状態の時と受け取りにくい状態には、明らかな違いがある

ということです。

これはまた後ほど別の章で詳しく解説しますが、「自分神様」からのメッセージやインスピレーションを受けやすい時というのは、程よく緊張した後、ふっとリラックスした時、まさにそのリラックスした瞬間です。

脳みその緊張がふとゆるんだ時に、人は「自分神様」からのメッセージを受け取りやすいのです。

人は普通それを「ひらめき」とか「インスピレーション」と呼びます。でも、ひらめきとかインスピレーションと呼ばれるもののほとんどが、実は「自分神様」が送ってくれたメッセージでありアイデアなのです。ふと、「あ、そういえば…こんなことはどうだろう?」とか、「あ、今やらなきゃいけないのは、こっちじゃなくてこっちだ」とか、自分の脳の思考の範《はん》疇《ちゅう》を超えて、いいアイデアやひらめきのようなものが浮かんだり、今やるべきことをうまく選択できた経験があると思います。

それこそ、まさに「自分神様」が送ってくれたメッセージを、あなたがうまくキャッチできた瞬間なのです。

「緊張の後の弛緩《しかん》（ゆるむこと）」

これが「自分神様」からメッセージを受け取りたいと思った時の、とても重要なキーワードなのです。

だから大切なのは、テンパった時ほど深呼吸して落ち着くこと。

僕がたまたま観た、あるテレビ番組でやっていたのですが、人間はどうやったら緊張をほぐすことができるのか？　がテーマで、様々なやり方を、舞台にこれから上がろうとする若手の芸人さんを使って実験をしていました。一点を見つめる、タバコを吸う、「人」という字を手のひらに書いて飲む…いろんなやり方の中で、唯一心拍数を下げて緊張をほぐす効果が見られたのが「深呼吸すること」でした。

そして、深呼吸するとよいのは、なにも緊張した時だけではありません。

迷った時、悩んだ時、苦しい時、悲しい時…「自分神様」に助けて欲しいと思った時は、**とにかく深呼吸！　と心得てください。**

この、とにかく深呼吸！　を習慣づけて繰り返すうちに、いつか必ず「自分神様」からのメッセージが伝わったと実感できる瞬間が訪れます。

逆にイライラしていたり、仕事や家事育児で大忙しの真っ最中だったり、深く考え事をしていたりと、脳が緊張状態にある時、つまりテンパっていて左脳がフル回転し、あーでもないこーでもないと、イライラといろんなことを思考している時ほど「自分神様」からのメッセージは受け取りにくい状態です。

「自分神様」からのメッセージを受け取るのは直観的な要素が大きく、それは左脳ではなく右脳の部分のどこかに、パソコンでインターネットを観る時に必要なモデムのような機能を果たす部分があるのではないか、と僕は経験的に考えています。

だからこそ、「あ、今自分はテンパってるな〜」と自覚した時ほど、さらにイライラしたりあわてたり思考を早めようと物思いにふけるのではなく、フッと一息ついて、できるだけ大きく深呼吸をしてください。

これだけでも**脳内のスイッチが切り替わって、「自分神様」が送ってくれるアイデアやインスピレーションを直観的に受け取りやすくなれるのです。**

これから何十年後の脳科学がさらに進歩した時代に、こういった人の脳内の直観やインスピレーションにまつわる謎や疑問も解明される日が来るかもしれませんね。

部屋に小さな仏壇を！ピクニックは墓参りへ！

さて、「自分神様」と今よりもっと深くつながりたい、と思う方々に、ぜひおすすめしたいことがあります。

それは日頃から**「ご先祖様を敬う」**ということです。

僕は自分のセミナーや講演会、また日々の様々な人との出会いや雑談の中でスピリチュアルな話題を軽く振った時にノッてきて、この人にはこういう話をしても大丈夫そうだなと思った人などに対してなど、これまでに数百人にも及ぶ、人さまの「自分神様」を拝見してきた経験があります。

で、その人の遠いご先祖様が「自分神様」となって、その人の後ろに立っている、あるいはわりと近い時代にお亡くなりになった、その人の祖父母や曾祖父母の方が「自分神様」のサポート役として、あなたと「自分神様」の間にいる（サポート役というのは、会社で例えるなら「自分神様」が部長だとすると、その下の係長くらいのポストというイメージです）ケースがものすごく多いからです。今まで僕が鑑定してきた中では、「自分神様」の9割近くが自分の家系や血縁に当たる人、という印象です。

極めてマレなケースで、これまでたったひとりだけ、全身が銀色で体毛がなく、黒目がものすごく大きな〝本物の宇宙人〟が後ろに立っていたのを拝見しましたが、地球外知的生命体が「自分神様」としてついている人に会ったのは、その人が初めてです。その人は子供の頃に、自分の寝室を訪ねてきた宇宙人と会話した経験もあるそうです。

ちなみにその人は著名なスピリチュアリストとして活動しており、たくさんの著作もあって、宇宙人と邂逅《かいこう》した時のエピソードもご自身の本にお書きになってます。

さて、ちょっと話が横道にそれましたが、ほとんどの人の「自分神様」は、自分の遠いご先祖様だったり何かしら血縁関係があります。特に「家系」というものを大切にする文化のある日本では特にその傾向が強いです。

ですから、ほとんどの日本人の場合、ご先祖様を敬う気持ちを持つということは「自分神様」を敬うことになる可能性が大、ということです。ちなみに僕の「自分神様」の猫さんも、僕の遠いご先祖様が、猫の姿を借りて現れているそうです（すみません、外国人の方の「自分神様」を拝見したことはほとんどないもので、「外国人の場合はどうなのよ？」というツッコミは入れないでくださいね）。

というわけで、みなさんにぜひおすすめしたいのは、**家に仏壇を祀っていない方は、ぜひ祀ってください、**ということです。

ローカルの旧家のお屋敷には、ものすごく立派な仏壇を祀っている家があったりしますが、そんなに豪華で大きなものでなくて全然構いません。

部屋にある棚の上など、どこか高い所にあるスペースに、ちょっとした木製の箱などを置いて、小さくて構いませんので、中に位牌も置き（位牌を買うのが面倒くさければ、すでにお亡くなりになっているご家族の遺影でもＯＫです）、そこに神社やお寺でいただいたお札やお守りなどもあれば一緒に置き、小さな花やお菓子なども、気が向いた時で構わないのでお供えする、それだけで十分です。

ただ、物をお供えする時に大切なことがあります。

それは、ご先祖様がレストランに来たお客で、あなたはそのお客に料理をサーブする給仕係だと思って、心を込めておもてなしをする、という心構えを大切にしましょう。

「仏壇に食べ物をお供えすることに、意味があるの？」と疑問を抱いている人もいるかもしれませんね。あの世にいるし、そもそも体がないんだから食べられないじゃん…と思うのも無理はありません。

ですが、実は食べ物をお供えすることは、とてもご先祖様を喜ばせる、大変意味のある良いことなのです。

お墓やお仏壇に、僕らの様子を見にあいさつしに来てくれるご先祖様は、もちろん霊の存在ですから、お供え物を食べたりすることはできませんし、匂いを嗅ぐこともできません。

その代わり、お供えされた食べ物を見ると、この世で暮らしていた時に食べた、その食べ物の味覚や嗅覚、その味わいの記憶が瞬時に蘇り、その食べ物を食べている時と同じ幸福感を得られるのです。

ご先祖様の霊のエネルギー体が、「おいし〜い！　幸せ〜！」という気持ちで満たされるのです。

あなたが大好物の、おいしい物を食べたら、とても幸せな気持ちになりますよね。

その幸せな気持ちを、ぜひご先祖様にも味わってもらいましょうよ！

ですから、ご先祖様の好物を知っていれば、なるべくそれをお供えすると喜んでくれるでしょう。

大切なのは、その食べ物の味や香りの記憶をご先祖様に呼び覚ましてもらうことです。

時々、お中元やお歳暮でもらった食べ物を、どうせお供えだから、と、面倒くさがって箱ごとお供えしてしまいがちですが、それではお供えの意味はありません。

ご先祖様も、「あ、なんか仏壇の前に箱を置かれたな」と思うだけです。

食べ物はちゃんと箱から出して、器に盛ってからお供えしましょう。

また、食べ物をお供えすると、「それをいつお下げすればいいの?」という問題が発生しますが、ご先祖様の記憶は一瞬で蘇りますから、お供えした後は、なんとなくもうご先祖様も食べ終わったかな～くらいの時間、5～6分くらいで下げてOKです。

遠いご先祖様が好きな食べ物なんてわからないよ、ということも当然ありますので、その場合は、昔からある、お団子やまんじゅう、おはぎなどの素朴な和菓子をお供えすればよいでしょう。

昔の人たちにとって、砂糖や甘いお菓子は超高級品で、めったに口にできるものではありませんでした。

そんなご先祖様に、おいしいまんじゅうやお団子をお供えすれば、僕らが、キャビア乗せ

和牛ステーキ　フォアグラのソテーつき、なんてメニューを出されるのと同じくらい喜ばれることでしょう。

こじゃれたケーキのような洋菓子をお供えしても、見たことも食べたこともないものを出されたら「ナニコレ？」となってしまいます。

その場合は、あなたがそのお供えした物を食べる時に、一瞬でいいので、お仏壇やご先祖様のことを頭に思い浮かべましょう。

そうすると、テレパシーのように、あなたの感じている匂いや味も、ご先祖様たちに伝わります。

先祖供養で大切なのは豪華さではなく、ご先祖様、そして「自分神様」とつながりたいという気持ちと、それを、いつも自分の目に入る「形にする」、ということです。

例え体はこの世になくても、ご先祖様たちも共に愛し合う家族として一緒に暮らしている、と思うことです。

一緒に暮らしている家族にどう接するか、自分の愛情をどう表現すれば、それが家族に伝わるか、と考えれば、自然と正しい「先祖供養の形」になっていくことでしょう。

先祖供養とは特別な儀式ではなく、僕らの日常生活の延長線上にあるものだ、と思えばいいのです。

ちなみに僕の場合は、寝室にある金属製のスチールラックの最上段に、神社やお寺で頂戴したお札をお祀りし、小さな仏壇も置いてあります。そして大晦日の夜やお盆の日には、手を合わせて「いつも私をお守りくださりありがとうございます」と手を合わせてお参りします。また、ちょっと嫌なことがあったりして軽く落ち込んだりした時なども、その祭壇に手を合わせ「神様、どうかお助けください」と祈ります。

すると僕には、神社のお札や仏壇に祀ってある位牌からレーザービームのような細い金色の光が放たれて、僕の額の辺りを刺すように照らすのが肉眼で見えるので、こうやって祈りを捧げると「自分神様」とのつながりがより強くなることを体感できるのです。するとモヤモヤした気持ちも少し晴れて、穏やかな気分になれるし、気持ちのモヤモヤの原因となるトラブルも、わりと早く解決したりするのです。

自分の家に神棚と仏壇を祀るだけで、実はものすごく運気が上がるのです。自分の部屋が、神社仏閣に早変わりするのです。

ですから運気を上げたいと思っている人は、ぜひ家に祭壇や仏壇を祀ってくださいね。

この場所こそが自分専用パワースポット！

さて、ご先祖様を敬う関連で、ぜひおすすめしたい習慣を、もうひとつご紹介しましょう。

みなさん、ちゃんと、お墓参り行ってますか？

え？　あまり行ってない？　それはぜひ行ってください！　え？　お化けが出そうだし陰気で怖い？　いえいえそんなことはありません。

有名な神社仏閣に参拝参詣する人はたくさんいますが、自分の家のお墓参りをさぼってる人、結構いますよね？　それはとてももったいないことなのです。

実は、自分のご先祖様のお墓こそ、「自分神様」から励ましのエネルギーをもらえる、**自分専用の最高のパワースポット**なのです！

みなさん、家族を愛し愛されたい、というお気持ちありますよね。天国にいるご先祖様も、まったく同じ気持ちなのです。例え亡くなってあの世にいようとも、家族である子孫のあなたを愛して守りたいという気持ちは、生きている時と同じか、それ以上に強いものなのです。

ですから、お墓参りに行くということは、ほとんどの人にとって「自分神様」である可能性が高いご先祖様とのパイプを太くする、とてもよいことなのです。

日本には古来より、お盆にお墓参りをする、というとても素晴らしい風習があります。お墓参りをするのはとてもいいことだということを、日本人は昔から感覚的にわかっていたのでしょう。いにしえより受け継がれている生活の知恵です。

さらに沖縄地方では、ただお参りするだけではなく、お墓の前で家族みんなで酒盛りをして宴会をするそうで、そのためのスペースもお墓にあらかじめ作ってあります。これは本当に素晴らしいことだと思います。子孫たちがお墓の前で楽しそうに宴会をする姿を見るご先祖様たちも、それはうれしくてさぞ楽しいことでしょう。

さて、僕が故郷にあるお寺に墓参りに行くと、最初に現れるのが、20年近く前に亡くなった僕の母です。そして生きていた時と同じように、「お母さん、あの世で元気に楽しくやってる？」と話しかけます。で、「もちろん元気よ！　毎日大好きな俳句を詠んで、コーラスも歌ってるわよ！」などと会話をします。と、ここまではいいのですが…天国の母は僕の「この世」での行動もすべてお見通しなので、「あなたもっとあーしなさいこーしなさい」、というお説教が始まります。ですから、天国の母と会話ができるようになった時には、うれしくて瞑想したり仏壇にお参りをしながら何度も母に話しかけに行きましたが、最近は、ちょっとだけウザいです（笑）。母親というのは、いくつになっても、そして死んだ後でも、いつまでも母親なのですね。

次に現れるのは、僕をとてもかわいがってくれた祖父母です。おばあちゃんはずっとニコニコしていて、おじいちゃんは、僕が供えた大好きな日本酒を、とてもおいしそうに飲んでいます。

その後は、僕が顔も知らないご先祖様ご一同がワラワラと現れて、僕に、元気そうにやってるね、よかったよかった、などと次々に話しかけてきてくれます。

みなさんの目には、こんな光景は見えないでしょうが、実は、みなさんがお参りしているお墓の前では、こんな明るくにこやかでほほえましいやりとりが繰り広げられているのです。

どうですか？　こんな話を聞くと、ちょっとお墓参り行きたいかも、と思いませんか。お墓参りというのは、あなたの一族が一度に集まってあなたと触れ合う、とても素敵な家族交流の場なのですから。

ですから、休日に遊園地に行ったり公園でピクニックをするようなワクワクする気持ちで、ぜひお墓参りに行ってみてください。きっとご先祖様一同はあなたの訪問を大歓迎し、あなたを守ろうという深い愛情もさらに強まります。

そして前述したように、ご先祖様の霊の中には、あなたの「自分神様」の任務を果たしてくれている方がいる可能性が高く、あるいは、あなたとあなたの「自分神様」の仲介役になってくれている方も必ずいるのです。

ですから、**墓参りをすると、巡り巡ってあなたと「自分神様」とのつながりのパイプも太くなり、結果的にあなたの運気も大きく上昇していくことでしょう。**

だから墓参りはさぼらず、できるだけたくさんした方がいいのです。

「自分神様」とつながるポイント！

□「自分神様」を心から信じて心から頼ろう！

□テンパったら深呼吸！

□家に神棚と仏壇を祀ろう！

□ピクニック気分で墓参りに行こう！

第2章

人に喜ばれることをやろう

あなたはその行動にワクワクしますか？

『人生がときめく片づけの魔法』という1冊の本から日本中に「お片付け」フィーバーを巻き起こし、テレビ番組や講演会でも引っ張りだこ、やがてそのブームは日本にとどまらず世界中で大ブレイクし、今や「世界のこんまり」とまで呼ばれるようになった収納アドバイザーの近藤麻理恵さんという方がいます。

さらに今は「断捨離」もブームになり、本当に必要最低限の物だけで生活する「ミニマリスト」という人たちのライフスタイルも注目を浴びています。

部屋をすっきりするために物を捨てる、というのは実際にやってみると案外勇気がいるものです。かくいう僕自身も片付け下手で物を捨てるのも苦手、自室にいつ使うのか自分でもわからない物をついついしまい込んだままにしてしまいます。

中でも特に捨てるのが難しく勇気がいるのが衣類です。若い頃に買った高級ブランドの服など、今はすっかりダサいデザインになり、加齢と体形の変化で今着てもまったく似合わなくなったのに、買った時は高かったからとか、いつかダイエットして痩せたらまた着られるんじゃないかとか、いろんな理由をつけて捨てることに躊躇《ちゅうちょ》してしまいます。「服を捨てられない人あるある」です。

そんな迷いが生じた時に近藤麻理恵さんがアドバイスする、捨てるか取っておくかの判断基準は「その服に〝ときめく〟か〝ときめかない〟か」です。

この判断基準、言葉だけ聞くと曖昧に思えますが、実際に服を捨てる時にこの判断基準を使うとものすごく有効です。

この〝ときめく〟という感覚は、まさに自分自身の直観です。左脳であーでもないこーでもない、と捨てられない理由をいろいろ考えてしまうから捨てるという決断ができません。そんな時こそ〝ときめく〟という自分の直観が頼りになるのです。

実は、この〝ときめく〟という言葉と同じように、僕らが人生において選択をする時に、判断基準にして欲しいと宇宙にいる「自分神様」たちが思っているキーワードがあります。

それは〝ワクワクする〟か、それとも〝ワクワクしない〟かです。

迷った時は迷わずワクワクを選ぼう！

僕は30代で霊能力と呼ばれる不思議な能力を獲得してからというもの、人生の岐路となるような重大な選択を迫られた時はもちろん、貴重な夏休みの1週間をどう過ごすかといったお気楽なことまで、何かの選択をする必要がある時は、寝室のベッドに横たわります。

そして深い瞑想状態に入り、体外離脱して宇宙にいる僕の「自分神様」のガンさんに会いに行きます。そして「AとB、どちらがいいですか？」というような質問を投げかけます。

するとガンさんはだいたい決まってこう答えるのです。

「ワクワクする方を選べばいいんじゃない？」と。

この〝ワクワクする〟という感覚も、〝ときめく〟と同じで、左脳で思考して結論を出せるものではありません。右脳で感じる直観的な感覚です。そこにAなのかそれともBがいいのかという論理的な根拠はありません。

ですが、人生に起こる様々な問題や選択肢をつきつけられた時、頭で考えて答えが出せる問題というのはどれほどあるでしょうか。むしろ答えを出せないことの方が多いからこそ、みんな人生のいろんなことで悩むのではないでしょうか。

その、頭で考えても答えを出せない問題について、より早く正解に近づける魔法の言葉こそが、この**ワクワクする**、なのです。

では、ワクワクする時、というのはどんな状態の時でしょうか。

そっちの方に進むと何か楽しいことが起きるんじゃないかという期待感を持っている時です。自分の好奇心や探求心が満たされる結果が待っているかもしれない、と期待に胸が膨らんでいる時です。

ただ、必ずしもそれが満たされる結果になるとは限りません。それでもそっちを選んだら現状に変化が起きて面白い経験を得られるかもしれない、と思うからワクワクするのです。

漫画『ONE PIECE』の主人公ルフィは「海賊王に、オレはなる！」と宣言して、幾多の試練や強敵が待ち受ける大海原へ航海の旅に出ました。素晴らしい仲間たちとの出会いと友情もありますが、敵との激しいバトルでボロボロに傷ついたり、大好きな兄の死に直面したりもします。起こるのは楽しいことばかりではありません。乗り越えなければならないたくさんの試練も待ち受けています。

ですがルフィはそんなことも織り込み済みで冒険の旅に出たのです。面白いことが起きるかもしれない、素敵な仲間に出会えるかもしれない、そして海賊王になれるかもしれないというワクワクする気持ちが、ルフィを船出に駆り立てたのです。

あらかじめ結果がわかっていたらワクワクするでしょうか。まだ答えが出ていないからこそワクワクできるのです。

そこにあるのは**純粋な好奇心と探求心**です。そしてこの純粋な好奇心と、それを満たそうと前に向かっていく前向きな気持ちこそ、「自分神様」たちが、僕らが常に忘れずに心の中に持っていて欲しいと願うことなのです。

そして僕らがワクワクする何かをしようとする時、「自分神様」は全力でそれをサポートしてくれるのです。

ではなぜ「自分神様」は、僕らがワクワクすることを望むのでしょうか。

このワクワクするという純粋な明るいエネルギーの意識は「自分神様」を通じて全宇宙に広がり、長い目で見れば、それが宇宙の発展と進化につながるからなのです。


僕らの「意識」は、目には見えないけれど強烈なエネルギーを持っています。


そしてその意識のエネルギーは僕らの脳内にとどまるものではなく全宇宙に伝わり、そして**全宇宙が共有するもの**なのです。

「波動」という言葉はご存知ですよね。この「波動」という意識のビッグウェーブは、目には見えないけれどエネルギーとして確かに実在します。目には見えない「重力」というエネルギーがあるから僕らはこの大地に立っていられるのと同じです。

ちなみに僕のような霊能力と呼ばれる感覚を持つ人は、この意識のエネルギーを目で見て脳で読み取れます。

氣とかオーラと呼ばれる僕らの体を包む不思議な光のエネルギーも肉眼で見られるし、宇宙にいる「自分神様」や、墓参りに行くと現れる亡くなった僕の母や遠いご先祖様、あるいは路上に浮いている幽霊の存在を感じて会話もできるし、会ったことがない人でも、名前だけでその人がどんな人物でどのようなことを考えているかまである程度わかるのです。

なぜこんなことができるかというと、空間に放たれて漂う意識のエネルギーと、その波動が描く文様から、様々な情報を拾い集めて読み取ることができるからです。

もちろん「自分神様」たちも、僕らが脳内にどんな意識を持ち、どんなことを考えているかということは、この意識エネルギーの波動を通じて全部お見通しです。そして暗くネガティブな意識を持つ人よりも、明るく前向きでポジティブな意識を持つ人を宇宙は歓迎してくれます。

重くどんよりしたエネルギーを持つ人よりも、軽く清々《すがすが》しいエネルギーを持つ人がひとりでも多い方が、そのエネルギーが拡散されて全宇宙のエネルギーもより軽く清々しいものへと変容していくからです。

そして、**僕らが抱く様々な感情の意識エネルギーの中で、特に軽く明るく清々しいエネルギーが、このワクワクするという感情なのです。**

この、ワクワク、という意識のエネルギーを持つというのはとても大事なことなので、さらに深掘りして解説していきます。

ワクワクを「自分神様」たちが求める深いワケとは？

前述したように、僕らが脳内で巡らす思考や感情という「意識」は、僕らの脳内のみにとどまるものではなく、それ自体がエネルギーを持っています。そしてそのエネルギーは**脳という肉体の箱から飛び出して、外部の空間にも伝わり、他者にも影響を与えます。**

まず、これが大前提です。

例えば、ある人が他の人に対し、怒りや恨みといった強くて悪いエネルギーを抱くと、それは悪意を持たれた相手のところにまで飛んで行って、その人の体全体にまとわりついて重くのしかかります。

これがいわゆる**「生霊《いきりょう》」**です。

余談ですが、アイドルや俳優のような人気芸能人たちには特に、僕ら普通の人と違って、たくさんのファンの人たちから向けられる「羨望《せんぼう》」という生霊がたくさんついています。

ですから人気芸能人の人たちは、人気が出れば出るほど疲れもたまるでしょうし、そういう生霊をも全部受け入れられる強いパワーの持ち主でないと〝売れっ子〟になるのは難しく、生霊のエネルギーの重みに耐えられなくなって自滅していってしまうでしょう（この生霊については第3章でも詳しく後述します）。

話を元に戻しますが、僕らが脳内で抱く様々な意識のエネルギーは、僕らの後ろにいる「自分神様」たちはもちろん、「自分神様」を通じて全宇宙へと広がっていきます。

その様子は僕らの目には見えませんが、**確実に全宇宙までも広がり、宇宙に「共振」と「共鳴」を起こす力を持っています。**僕らの意識エネルギーはそれほどのパワーを持っているのです。

ところで「共振」・「共鳴」という言葉は聞いたことありますよね。「共鳴する」という言葉は、共感する、賛同する、といった単語と同義で使われますが、この「共振」・「共鳴」は実際に物理的にも起こる現象です。

大きな地震で地面が激しく揺れると、振動の波がその上にある建造物にも伝わり、建物自体も揺れます。そして建物が揺れると、地面の揺れによる加重と、さらにその建物自体の重さで、建物全体にかかる圧力はさらに増幅されます。

頑丈そうに見える太い木の柱や鉄筋コンクリートでさえも、地面の揺れ＋建物の重さが組み合わさって生じる加圧の増幅で、建物の揺れ幅もさらに大きくなって波打ち、形もたわんで歪みます。

これが**「共振」**です。地面の揺れのエネルギーに建物の重みがプラスされることで、建物自体の揺れ幅が増幅されて、より大きく揺れるようになるのです。

そしてこの共振の力に耐えられない建物は崩れてしまいます。では新宿などに建つ超高層ビルがなぜ崩れないかというと、この共振によって生まれた加圧エネルギーを、柳の木のように建物全体をユラユラと揺らすことで逃がす構造になっているからです。だから上の階ほど揺れも大きくなります。


そしてこの「共振」が、音、つまり空気の振動によって起きるのが**「共鳴」**です。この共鳴という現象を、みなさんも中学や高校の理科の授業で実験した覚えはないでしょうか。

「音叉《おんさ》」という、この実験に使われる道具があります。木の台の上に細長いU字型の金属がついているもので、この音叉を横にふたつ並べます。そして片方の音叉を木の棒で叩くと、コ〜〜ンという音が出ます。

そしてこの、叩いた方の音叉に生じたコ〜〜ンという音の空気の振動の波が隣の音叉にも伝わるので、棒で叩いていない方の音叉も揺れて一緒にウォ〜〜ンと鳴り出します。これが「共鳴」です。

あるいは空のペットボトルの口にフーッと強く息を吹きかけると中でボォーッと音が鳴りますよね。これも共鳴です。


この「共振」と「共鳴」の作用を使って演奏を行うのが、グラス・ハープです。

ワイングラスやブランデーグラスなど、足のついたグラスに水を入れます。そして水で濡らした人差し指で、グラスの縁《ふち》を円を描くようにゆっくりと回転させながら触り続けます。しばらくすると、人差し指の圧力がグラス全体に伝わって共振を起こし、グラス全体が目ではわからないくらいに小刻みで振動します。その振動でグラスの周りの空気も揺れて、それがグラスの内側で共鳴して反響し、ウワーンという音が出ます。そしてグラスに入れる水の量を調整して、ドレミファソ…という音階を作って曲を演奏します。

この、グラス・ハープと同じ共振と共鳴を使って音を出す、瞑想に使われる楽器もあります。それがシンギング・ボウルやクリスタル・ボウルです（ご存じない方は『YouTube』などの動画投稿サイトに動画がたくさんアップされているのでご覧になってみてください）。

シンギング・ボウルは金属でできた様々な大きさの鉢です。音を出すには、すりこぎを細く短くしたような木の棒を使います。そして、その棒の先の方を、グラス・ハープと同じ要領で、ボウルの縁に当ててクルクルと触れ回し、共振と共鳴の作用を使って音を出します。古来よりチベットなどの寺院で瞑想用の楽器として使われてきました。

これを金属の代わりに、水晶と石英などを細かく砂状に砕いて高温で溶かし、焼き固めて鉢にした楽器がクリスタル・ボウルです。こちらは１９８０年代以降に生まれた新しい楽器で、全世界の、特にスピリチュアル愛好家たちの間で広く瞑想用の楽器として流行していきます。鳴らし方はシンギング・ボウルとまったく同じです。

フェルトを巻いた木の棒でボウルの縁をクルクル触れ回していると鳴り出す音は、最初は小さなものです。さらに木の棒をさらにクルクル回し続けるとボウルの共振も大きくなり、ボウルの中で鳴り響く音も共鳴の作用でどんどん増幅されるので、音はどんどん大きくなっていきます。しまいにはウォ〜〜〜ンという、広い部屋全体に響き渡るくらいの大音響になります。

そしてその音が聞いている人の脳まで揺さぶるような感じがして、なんともまあ心地よい音です。

僕らのワクワクは宇宙に共振・共鳴を起こす

さて、僕らが抱く様々な思考や感情という「意識のエネルギー」が全宇宙に共振・共鳴を起こすイメージというのは、このクリスタル・ボウルで音を出す仕組みになぞらえると、わかりやすくイメージできます。

まず、この宇宙全体が、ものすご～く巨大なクリスタル・ボウルで、僕ら（と、その意識）は、そのクリスタル・ボウルを鳴らすのに使う木の棒、だと思ってください。

僕らは、脳で思考し、様々な感情を抱くことで意識エネルギーの波動を生み出します。その波動はクリスタル・ボウルを鳴らす木の棒のように、ゆっくりクルクルと、宇宙というクリスタル・ボウルの縁の周りを動き回ります。そしてその波動が起こす小さな振動が宇宙空間の端っこの方に伝わります。

それから、宇宙の端の方に伝わった僕らの意識エネルギーの振動は、宇宙という超巨大なクリスタル・ボウルの中で徐々に共振と共鳴の波を起こしながら伝播《でんぱ》していき、やがて宇宙全体へと大きく広がっていきます。

さらに、それはただ伝わるだけではありません。共振と共鳴の作用が働いているので、遠くの方に伝われば伝わるほどに、そして時間が経てば経つほどに、その振動の波はますます大きく増幅していき、最終的にはものすごく大きい津波のような波動となり、宇宙というクリスタル・ボウルの中全体で、僕らの意識の波動が大音響で反響し合う…ということになるのです。

そして、この僕らと宇宙が共同作業で奏でる様々な音の中で、一番心地よく、かつ振動の波の振り幅も大きくて良い音が出るのが、〝ワクワクする〟という意識の波動なのです。

しかも！　なんと、この僕らの意識エネルギーという振動の波は、**空間だけでなく時間を**

も超えて伝わるのです！

僕らが最初の段階で宇宙に伝えた、意識エネルギーの振動の波は、ちっぽけだったかもしれません。ですがその波動は、宇宙空間という巨大なクリスタル・ボウルの中で共振と共鳴を繰り返しながら広がり、そしてしばらく時間が経つと、僕ら自身の元に巨大な振動の波となって返ってくるのです。

ザッバーンというとても大きな波しぶきを結果的に浴びるのは、他ならぬ僕ら自身なのです。なぜ浴びるのかというと、つき詰めれば僕らも宇宙の一部だからです。ですから当然この波動の大波の影響を否応なしに受けることになるのです。

ではここで〝ワクワクする〟というのはどういう感情なのかということを、もう一度あらためて思い出してみてください。

ワクワクする、というのは、自分自身の未来に対する、軽くて清々しく明るい願望であり希望です。未来の自分への好奇心と探求心です。そしてワクワクするという意識の波動は、過去・現在・未来という時間軸の矢印の中で、未来の方向を向いています。

つまり、僕らが抱いたワクワクするという感情は、僕らが僕らの明るい未来に向かって放った矢のようなものです。そしてその放たれた矢は、宇宙空間を漂ううちに、共振と共鳴の作用によって巨大な矢へと変わり、そして最終的には僕らのハートにグサッと突き刺さるのです。

僕らが宇宙に向かって放り投げた、〝ワクワク〟というキラキラした小さなブーメランは、共振と共鳴の増幅作用でどんどん大きくなっていき、そして幸運や充足感や達成感という大きな獲物をたくさん狩りとって、僕らの手元に戻ってきてくれるのです。

ただ、僕らがこの現実世界で捉えている、僕らの体感的な時間認識と、宇宙を流れる時間の速さは違います。ですから、僕らがワクワクしたからすぐワクワクする出来事やハプニングがすかさず身の回りに舞い降りる、というものでは残念ながらありません。

ですが、いつか必ず、僕らが抱いたワクワクは、大きく成長して僕ら自身のところへ返ってきてくれるのです。ワクワクという意識は、共振と共鳴という物理力学の法則に則《のっと》って、結果的に僕らに大きな波となって覆いかぶさってくるのです。

説明がかなり長くなってしまいましたが、これが、ワクワクする、という気持ちを抱くことがとても大切なのだという理由です。

話をまとめると、**僕らが抱くワクワクは、僕ら自身と、そして全宇宙の未来をも決める力を持つ、明るく清々しく、そして希望に満ち溢れたエネルギー**なのです。

僕らがワクワクすると、そのエネルギーの波動が「自分神様」たちにも伝わり、そして一緒になってワクワクワクします。

僕らのワクワクという明るい波長に「自分神様」たちも、そして全宇宙も共振し、共鳴し、そして同調します。

僕らと「自分神様」たちの関係性は1枚のコインの裏表のようなものです。「意識」という1本のロープで固く結ばれている間柄です。

つまり**僕らのワクワクは「自分神様」たちにとってのワクワク**でもあるのです。だから「自分神様」たちは、僕らにワクワクして欲しいのです。

では逆に、その全宇宙という楽器から出る音が不快な音だったらどうでしょうか。宇宙全体はもちろん、僕らも不愉快になりますよね？　そして、その不快な音も大反響になって僕らに返ってくるのです。

ですから暗くネガティブな感情よりも、明るく清々しい日常を送れるようにしようという、僕らの日頃の意識の持ち方が、すごく大切なのです。

毎日、常に明るく、なんかワクワクすることないかな〜？　楽しいことはないかな〜？と24時間キョロキョロと目で探し続けましょう。いつもワクワクを探すことを自分の習慣にしましょう。

もちろんつらいことも時にはあるでしょう。でもそんな中でも、「こうすればうまくワクワクに転換できるんじゃないかな？」と常に考え続ける習慣をつける努力を心がけましょう。あなたがワクワクを探し続ける様子は、もちろん「自分神様」も見ています。そしてそれがうまく見つかるようにサポートしてくれることでしょう。

するといつかそのサポートと、あなたがワクワクを見つけるという惜しみなき日々の努力が実を結び、**幸運を手元に引き寄せる日がやってくるのです。**

ところで、夏の怪談の定番で「呪いの藁《わら》人形」というのがあります。自分が恨んでいる人の髪の毛などを藁人形に仕込んで、神社の木などにその藁人形を五寸釘で打つ、という呪いの儀式です。

ですが、藁人形を打つと、その呪いはいつか自分に返ってくるからやめた方がいい、なんて話、聞いたことありませんか?

藁人形に込めた呪いも、ワクワクと同じで、この宇宙を巡り巡って、共振と共鳴の原理で大きく増幅して、やがて自分に返ってきます。そして結局は、藁人形を打った人にも不幸や凶運にさいなまれてしまうという結果になります。ですから、よい子のみなさんはけしてマネしないでくださいね。


つまり、ワクワクというポジティブでよいエネルギーが未来の自分に返ってくるように、**怒りや悲しみ、恨みや妬《ねた》みというネガティブな感情も同じように返ってきます。**

ですから「自分神様」たちは、みなさんが悶々と悩んで重いうつ病になり、果てに自死を選んでしまうような人生を選択することを絶対に望んでいません。そうならないようにいろんな形で、その人が立ち直って前向きに生きてくれるように全力でサポートしてくれています。

ですが「自分神様」たちにできることはあくまでサポートであり、僕ら自身が気持ちを切り替えて、このワクワクするという気持ちを持とうとしなければ、できる手助けにも限界があります。

医者は病人を治すために全力を尽くすのが仕事です。でも患者自身に病気を治そうとする意志が希薄で、医者がいくら注意しても過度な暴飲暴食や飲酒喫煙、不規則で自堕落な生活を送り続けていたら、医者でさえ病気の進行を食い止める手立てはないでしょう。

それとまったく同じで、「自分神様」たちは全力で僕らをサポートしてくれますが、将来本当に幸運を得てハッピーな人生を送れるようになるかどうかは、**僕らがワクワクする気持ちを大切にできるかどうか、そしてあきらめずにワクワクを探し続けられるかにかかっているのです。**

ワクワクを選んで大成功した日本が誇る天才作家

人生の岐路に悩んだ時、このワクワクする、こっちの方が好きだし楽しいという選択をすることで後に大成功した、日本人なら誰でも知っている偉人がいます。

天才漫画家・手塚治虫です。

彼の一族は代々医者の家系で、曽祖父も高祖父も医者でした。時代は太平洋戦争へと突き進み、医者も軍医として戦場に送られ、日本中で医者が足りなくなります。そんな社会情勢の中で彼も医者になることを周囲に期待され、医学の道へと進みます。

しかし彼が本当に好きなのは漫画を描くことでした。医学部を卒業し医師免許も取得しますが、医者になるための勉強をしながらも漫画を描き続け、すでに学生時代には漫画家としても活躍していました。

そして医学と漫画を描くことの両立に悩んだ彼は母親にそのことを相談しました。


「医者と漫画、どっちが好きなの?」


と母親は聞きました。

彼が漫画だ、と答えると母親は「じゃあ漫画家になりなさい」と即答したのだそうです。

今でこそ漫画家という職業は世間からも普通に認知され、大ヒット作品を生めば日本のみならず世界中で読まれ尊敬の眼差しも受ける「先生」ですが、まだこの時代はというと、漫画家など画家という職業の中でも下の下の最下層、子供向けのくだらない読み物を作る下賤《げせん》な仕事と見られていました。

一方で、国は戦争に敗れて貧しくて慢性的な医者不足、医者の地位は現在とは比べ物にならないくらい高いものでした。普通の親なら漫画家になることに猛反対し医者になることを勧めることでしょう。

ですが彼の母親は、自分の好きなことをやりなさい、と言ったのです。

手塚治虫にとっての「自分神様」は母親でした。きっと母親は、この子には好きなことをやらせた方がいいと直感で感じていたのだと思います。そしてそんな直観的なインスピレーションを与えてくれる存在こそ、まさに宇宙にいる「自分神様」たちなのです。

手塚治虫は、まだまだ日本が発展途上だった１９５０～60年代に、すでに漫画の中で、地球と宇宙を往復する宇宙船や、立ち並ぶ超高層ビルと、その間を縫うように空中を走るがごとき高架の高速道路、体に電波を当てると体内の様子を透視して映像化する医療装置などを描きました。彼が描いたそれらの近未来の街並みやツールは、どれも実現しています。手塚治虫は未来を予知していたと言っても過言ではありません。

ちなみに日本最初の高層ビルである霞が関ビルが完成したのが1968年ですから、彼の創造性、インスピレーションのすごさがわかります。

おそらく彼は、漫画のアイデアを練る中で、自分でも気づかぬうちに深い瞑想状態に入り、宇宙から送られてくる未来のイメージを受け取り、それを漫画に描いていたとしか思えないのです。

僕がワクワクを選んだその先に…

僕が「自分神様」と会話できる不思議な能力に目覚めたのも、今にして思えば、**このワクワクするという自分の直観に正直に従ったから**です。

僕は20代の終わりくらいに森田健さんという方の著書を読み、アメリカのモンロー研究所というところで開発された「ヘミシンク」®という特殊音響の入った瞑想補助CDがあることを知りました。森田さんの本で紹介された体験談は、なんか宇宙に飛び出したような不思議な光景が見えた、という、すごくざっくりとしたものでしたが、その特殊音響を聞いて瞑想しているだけでこんな不思議な体験ができるのか〜と、ちょっとワクワクしながら読みました。

そしてその数年後、これまで英語版しかなかったヘミシンクシリーズの『ゲートウェイ』というプログラムの日本語版がついに発売されたのです。ですがまだ当時は輸入代理店も少なく、その『ゲートウェイ』全18枚のＣＤセットも9万円以上しました。

そんな摩訶不思議な怪しいＣＤに何万円もお金をつぎ込むのですから、買うかどうかかなり悩みました。ですが、自分も森田さんのような不思議な体験ができるかもしれない…と意を決してエイヤッと購入してしまったのです。自分の好奇心と探求心、何か体験できるかも、というワクワクする気持ちに抗《あらが》えなかったのです。

この『ゲートウェイ』全18枚組ＣＤの何枚目かを聴きながら、ベッドに横たわって瞑想している時、部屋には僕ひとりしかいないはずなのに、僕の周りに3名の、人ともなんともわからない何者かの気配をはっきりと感じました。ひとりは僕の頭のところ、あとのふたりは僕の左右の両腕のあたりです。しかもベッドの頭上と右側は、壁にピッタリとくっついていたにも関わらず…。

そしていよいよ最後の18枚目のCDを聞いた時、僕の脳内に突如現れたのが、第1章で紹介した僕の「自分神様」のガンさんだったのです。

このヘミシンクのCDを何度も繰り返し聴きながら瞑想して、ガンさんとのコミュニケーションがよりスムースに、伝えてくれる情報もよりたくさん受け取れるようにトレーニングを重ねて、今ではCDを聞かなくても日常的に僕の「自分神様」のガンさんや猫さんとも会話できるようになりました。

そして『体外離脱するサラリーマン』（ハート出版）という本を上梓し、北は札幌から南は福岡まで日本各地で講演会などもやらせていただけるようになりました。

高価なヘミシンクのCDセットを買おうか迷った時に、自分のワクワクする気持ちに正直に従ったおかげで、僕は「霊能サラリーマン」になれたのです。

そして常に僕のそばにいて僕を応援してくれている「自分神様」とも直接会話できるようになったのです。

ワクワクの種を見つけて大きく育てよう

さて、あなたが何かの選択に迫られた時、ワクワクするかしないか、を判断基準にするといいし、それを「宇宙神様」も望んでいると、ここまでお伝えしました。そして、そこにさらにもうひとつ加えて欲しい判断基準があります。

それは、あなたの選択は**自分がワクワクするだけでなく、他の人からも喜ばれて感謝されるか？**　ということです。

これが加わると、あなたのワクワクはより実現しやすいものになるのです。

「私がこの世に存在することで、私は幸せだろうか？　そして私が私を幸せにするためにできることは何だろうか？　さらに私がこの世にいることで、そして何かをやることで他の人も幸せにできることはないだろうか？」と「自分神様」たちは僕らに常に考えて欲しいのです。

そしてそれを実行して欲しいのです。「私はそれで幸せか？　そしてそれで他の人も幸せになれるか？」を常に考えるという、しっかりとした軸があれば、「自分神様」は必ずその行動を応援してくれるでしょう。

宇宙にいる「自分神様」が僕らに望んでいる行動とは、「利己」であると同時に「利他」にもつながることなのです。

人は自分ひとりだけで生きられるものではありません。まず自分が幸せになることが大切ですが、自分の幸せや目的を達成するために他の人が犠牲になってつらく悲しい思いをすることを「自分神様」たちは望んでいないのです。

あなたの幸せが、他の人の幸せにもつながること、それもできるだけたくさんの人たちが幸せになれることをやる、それが「自分神様」たちが僕らにやって欲しいと願うことなのです。

これは特に仕事や職業に当てはまることが多いでしょう。

例えばあなたが料理が好きで、料理人になる道を選び、一生懸命修行をし、おいしい料理を作れるようになり、それを大勢の人が食べて喜んでくれたなら、あなたの幸せと、それを達成するために重ねた努力が他の人の幸せにもつながります。

もし今あなたが転職するかどうかで悩んでいるとしたら、自分が転職したら、新しい職場で自分のやりたいことが達成できるか、そして給料は上がるか、という「自分目線」のみで考えるのではなく、今の仕事または会社と新しい仕事または会社、より多くの人をハッピーにできるのはどちらか、という視点も加えるといいでしょう。もし、転職した方がより多くの人をハッピーにできるなら、「自分神様」からの応援も得られて、その転職はきっとうまくいく結果になるでしょう。

あなたが、自分がこれから取る行動の選択をする時、

Ⓐ自分だけがワクワクする
Ⓑ自分はあまりワクワクしないが、他の人は喜んで感謝してくれる
Ⓒ自分もワクワクするし他の人も喜んでくれる

の３つがあるとしたなら、**その優先順位はⒸ＞Ⓑ＞Ⓐの順番です。** 自分もうれしいが他の人たちも喜んでくれることをやる、というのがベストな選択です。

始めのうちはⒶまたはⒷであっても、それがやがてⒸになればいいのです。ⒶまたはⒷを選んだと思っていたのに、いつの間にかⒸになっていた、ということもあります。もしそうなったとしたなら、その選択を「自分神様」も応援してサポートしてくれたからです。

逆に、いつまで経ってもⒶまたはⒷのままだったなら、「自分神様」からの応援はあまり得られていないということで、その選択はあまり長続きせず、どこかで中断もしくは頓挫してしまう可能性が高くなります。ましてやそれが他の人を不幸へ導くものであるなら、必ずその人は宇宙からしっぺ返しを喰らうでしょう。

昨今、「特殊詐欺」と呼ばれる、お年寄りに電話をかけていろんなウソをついてお金をだまし取る犯罪が横行していますが、そんなことをやっている犯罪者たちは、必ず人生のどこかで大きな落とし穴に落ちてしまうことでしょう。「悪銭身に付かず」「因果応報」という格言は、単なる格言ではなく**宇宙の法則であり真理なのです。**

そしてもし自分が一生懸命頑張ってやったことに結果がついてこなかった、ということになっても落ち込む必要はありません。

そんな時は、ああ、「自分神様」からの応援が得られなかったということは、この選択はあまりよくないものだったんだな〜と気持ちを切り替えて、また新しい別の選択肢を模索して実行すればいいのです。模索して試行錯誤することは悪いことではありません。

むしろ自分でしっかりと考え、自分で選択し、自分で自分の道を明るくポジティブに切り拓いていくことを「自分神様」は望んでいます。

発明王・エジソンは「私は失敗したことがない。ただ1万通りの、うまくいかない方法を発見したのだ」と語ったそうです。明るく前向きでポジティブな気持ちを大切にすれば、人は自分から試行錯誤を重ねながら、次へ次へといろいろと動こうとします。そして、その人が動けば動くほど「自分神様」にとっても、その人をサポートする機会が増えるのです。

ある目的を達成すると大勢の人が喜んでくれるから自分も頑張ろう、そのためにたくさんの人に会って協力を仰ぐ必要があるとなったなら、「自分神様」は、あなたに協力してくれる人と出会うチャンスや「ご縁」、そしてあなたの目標が実現できるようになるアイデアやインスピレーションを、じゃかすか運んできてくれます。

逆に、なにをやってもどうせうまくいかない、ダメだというマイナス思考で、動こうとせず同じ場所にとどまって引きこもったままだと「自分神様」も手助けやサポートをしづらくなるのです。

「自分神様」は意外な方法で僕らを励ましてくれる

ですが長い人生、つらいことや悲しい目に遭って、何かをやろうという前向きな気持ちが起きず引きこもってうつになってしまうこともあるでしょう。そんな時、「自分神様」は何をしてくれるのでしょうか。

実は、そんな時は基本何もしません。ただ遠くから生温かい目で僕らを見守るだけです。

「え〜!?　ちっとも頼れないじゃん自分神様！」と思うかもしれませんね。

ただ、僕らが悲しみ、苦しい思いをしている時は「自分神様」も同じようにつらいのです。

もしあなたの親や子供が重い病気にかかり、病院のベッドで寝たきりになりながら、つらい…苦しい…とうめいていて、その横でずっと付き添っていなければならないとしたら、あなたもつらいですよね。それと同じです。「頑張って！　今はつらいけど、いつかきっと治るのを信じて！」と励ますしかないですよね。

あなたが病気の家族に手術を施したり薬を処方して直接治す手助けができないのと同じように、「自分神様」も物理的にあなたを抱きしめたり、腕をつかんで外に連れ出して、あなたの仕事を手伝ってくれたり、遊園地で一緒に遊んでストレスを発散させることはできません。

それでも「自分神様」は、あなたを励まし元気づけるメッセージを常に絶え間なく宇宙から送り続けてくれています。あなたが病気の家族を慰め励ますように。こうしたら明るく元気になれるよ、こうしたら勇気がわくよ、というメッセージをずっと送り続けてくれています。

あなたがそのメッセージをうまく受け取れるかどうかは、タイミングや時の運というのもあるでしょう。

ですがその「自分神様」からのメッセージを、直観やインスピレーション、アイデアという形で、僕らはいつか必ず受け取れます。

裏を返せば、常に「自分神様」が送ってくれている励ましの言葉をうまく受け取れないくらいの、ひどい精神状態になればなるほど、ますます落ち込んで、うつもひどくなるという負のスパイラルに陥ってしまうのです。

そんな時でも「自分神様」は、あなたが立ち直って前向きになろうとした時のために、宇宙の方でしっかりといろいろな準備をしてくれています。

あなたが落ち込んでいる時に、たまたまつけていたテレビの音楽番組や、お店などのBGMで流れてきて偶然耳にした歌の歌詞などに、すごく励まされた、これは私へのメッセージなのかもしれない…と思った経験ありませんか？

あるいは友人から「最近どうしてる？　元気？」なんていうメールやLINEがタイミングよく届いて驚いたことはありませんか？

こうした出来事はけして偶然ではありません。あなたを励まし元気づけるために、全部「自分神様」が仕組んだことなのです。

あなたに元気がなく落ち込んでふさぎ込んでいる時に、あなたを励ます言葉が届き、あなたを元気づけてくれる人が現れたなら、それは単なる偶然ではなくすべて「自分神様」が働きかけてくれたから起きた出来事なのです。

さらに、あなたが立ち上がって外に出た時に、よりうまくスムースに歩けるように、いろんな出来事や人との出会いという「ご縁」も準備してくれています。
縁を結ぶだけではありません。時には、あなたに悪影響を及ぼす環境や人と、あなたとの

縁を切ることもあります。

単にあなたが、こいつは嫌いだから縁を切るという単純な切り方はしません。もしあなたが嫌いな人でも、その人と接することがあなたの成長につながるのであれば、「自分神様」は縁を切ることはありません。宇宙の視点で、付き合うことはお互いにとってよくない、と判断した時だけ、縁を切ってくれる場合もある、というのがより正確な表現です。
第1章で紹介した、悪妻と離婚した僕の友人のエピソードはまさにその典型例です。直接的なサポートはできませんが、間接的なサポートであればすさまじい威力を発揮してくれるのが「自分神様」なのです。ただ「自分神様」は普通の人には目に見えないので、その強力な援助に気づかないだけなのです。

これまでのあなたは、落ち込んでうつっぽくなっても、何のなす術もありませんでした。せいぜい友達や親兄弟など親しい人にグチを言って慰めてもらうか、サラリーマンなら新橋あたりで同僚とやけ酒を飲んで部長のバカヤローとつぶやいてカラオケで「うっせぇ〜

うっせぇ～うっせぇ～わ～～～っ！」と絶叫して憂さ晴らしをするくらい。もっとひどい人になるとアルコールや過食に依存したり精神安定剤的な薬に頼るかもしれません。

ですが、今のあなたはもう違います。

「自分神様」が見守っていることを知り、いろんな形で間接的なサポートのエネルギーを送ってくれていることも知ったからです。

ですから、これからは安心して落ち込んでください（笑）。落ち込んでいる今の状況を、むしろ楽しむくらいの心づもりでいてください。

どんな時も、あなたがあなたらしくあるために、「自分神様」は必ず援助の手を、目には見えない形で差し伸べてくれるのですから。

と言われてもね～…。人間だもの、落ち込む時は落ち込みますよね～。そもそも「自分神様」なんて目には見えないし声も聞こえないし、耳元でZARDの『負けないで』を唄ってくれるわけもなく、1等5億円が当選する宝くじを運んできてくれるわけでもないしね～。

なんてことを思っているあなたが、落ち込んでうつになった時に有効な、ブッダの簡単な瞑想法をご紹介しましょう。

ブッダ…と言われると、なんかたくさんお経を残した仏教の偉い創始者、くらいのイメージだと思います。ですが実は、ブッダの教えとは、人の心を徹底的に分析することから始まるのです。自分の感情の流れを客観的に読み取ることを説いています。心理学の始祖と言ってもいいくらいです。

落ち込んだ時はブッダの瞑想で立ち直ろう

では「落ち込む」「うつっぽくなる」とはどういう状況でしょうか。

あなたが「落ち込んでいる」時、あなたは怒っています。やり場のない怒りの感情を抱えているのに、それをぶつける場所や相手もいなければ、自分ひとりの力ではどうにも解決できません。この怒りの感情を解消する方法が見当たらないから「落ち込む」のです。

では次に、落ち込んだ時のあなたは何に対して「怒っている」のかを徹底的に分析してみましょう。

例えば、大好きだった恋人に振られて失恋して落ち込んでいるなら、あなたは自分を振った元恋人に対して怒っています。あるいは振られてしまった今の自分自身に怒っています。あの時あんなケンカなんかしなければ…という後悔があるなら、この後悔という感情も、過去の相手あるいは自分自身の言動に対する怒りです。

目を閉じてゆったりとラクな姿勢で、自分は何に「落ち込んでいる」のかを、このようにじっくりと分析していくと、**それらの感情は、どれも「怒り」である**ことがわかるでしょう。

人間のマイナスでネガティブな感情は、つきつめれば「怒り」という感情にほぼ集約されるとブッダは説いています。

さて「落ち込む」という気分の本質が「怒り」なのだと理解できたら、次にやるのは**自分の感情へのラベリング（仕分け）**です。

人は落ち込むと、いろんな負の記憶が蘇ります。思い出したくないはずなのに、嫌な出来事が次から次へと頭の中から浮かんでは駆け抜けて、そして消えてはまた別の嫌な記憶が蘇って…を無限に繰り返します。

その、次々に湧き上がる不快な記憶と、それに付随して立ち起こる不快な感情に、**ひとつ**

ひとつ「怒り」と書かれたシールを貼っていきます。頭の中で「怒り」と書いてある付箋を貼っていくイメージです。

これをしばらくの間ひたすら我慢して繰り返します。自分の脳内に湧き上がる思いや感情にちょっと距離を置いて、客観的な視点で「怒り」「怒り」「怒り」…とシールを貼っていく作業に没頭するようにします。

そんな作業を5分も続けていると、次第に「落ち込む」という感情が楽になっていくことでしょう。**人というのは自分の感情をうまく整理できないから「落ち込む」のです。**これに「怒り」というシールを貼って整理できれば、心も自然と落ち着きを取り戻します。

そうこうするうちに「あれ？　オレなんでこんなに怒ってるんだろう？」と自分自身に疑問を抱き、落ち込むこと、つまり怒り続けることに飽きてきます。

怒りの感情というのは脳のエネルギーをものすごく消費します。ですから自分の姿は「怒り」という歯車をカラカラと自分で一生懸命回しているハムスターみたいなものだと客観視できれば、落ち込んで「怒る」ことに飽きてきて、次第にアホらしくなってくるのです。

そうです。落ち込んでいるあなたは、怒ることに疲れ果てた一匹のハムスター（しかもあまりかわいくない）なのです！

落ち込んでいるというのは怒っていることなのだ、と理解し、その感情をひたすら客観視して距離を置きながら、頭の中で整理整頓していく作業を繰り返すことで、あなたは次第に落ち込んでいる状態から脱出できることでしょう。

喜びのエネルギーを発散する人を「自分神様」は応援してくれる

さて、落ち込んだ状態から無事脱出できたら、次に何をやればいいのでしょうか。あるいは、ひどく落ち込んでうつうつと思い悩む、まではいかなくとも、ちょっとした嫌な出来事に遭遇して気持ちが重い時や、あまりに変化のない退屈な日常に悶々としている時はどうすればいいのでしょうか。

実はこれも簡単な方法でちょっとだけ軽い気持ちになれます。

とにかく外に出て動いてみることです。

何も考えずに、まずはとりあえず家から出てみましょう。そして体を動かすことです。5分でもいいので歩いてみましょう。「自分神様」は今の自分をどう見ているのだろう？　とボンヤリ考えながら近所を散歩するだけでいいのです。

歩くというのは脳をリフレッシュするのに大変効果的です。なぜなら、人間は二足歩行を始めた時から、肉体が歩くように進化し続けてきたからです。人間の体は、そもそも歩くようにできているのです。

漫画家の楳図かずおさんは、アイデアに煮詰まると、とにかくひたすら歩くそうです。僕も学生時代に、あの奇抜なファッションで難しい顔をしながら、ずっと街を歩いている楳図さんを何回か見かけたことがあります。

米ハーバード大学の研究によると、毎日10分のウォーキングはメンタルの改善になり、40分歩くと頭の切れがシャープになるそうです。歩くことは、これだけ脳の健康によいことが研究でも明らかになっています。

人間の脳は雑念の塊です。いろんな考えや感情が次々に浮かびます。そうした雑念が脳内でノイズとして響き、「自分神様」からのメッセージやインスピレーションを受け取りにくくします。

ですが、歩くことに集中していると、自然と気持ちも穏やかになっていきますし、あ、こんなところに花壇があってきれいな花が咲いてるんだ〜、今まで気づかなかった〜なんていう小さな発見があります。

そんな小さな発見をしてふとリラックスした瞬間こそ「自分神様」からのメッセージを受け取りやすい状態なのです。

ということで、ここでみなさんに**「歩く瞑想法」**というのをおすすめします。

なるべく雑念を持たないように、足の裏で地面を踏みしめる感触や、自分の呼吸、周囲の景色や音などに意識を向けながら、**「歩くという行為それ自体に集中しながら歩く」**という瞑想法です。

やってみると、すぐに雑念がわくので、慣れるまでは案外難しいです。ですが、これを5分も続けて歩いているだけで、ものすごく頭がリフレッシュします。

　またもし家の近くに、河原の土手など、信号や障害物のない手ごろな道があれば、しばらく後ろ向きに歩いてみる、というのもおすすめです。後ろ向きに歩くというのも、おわかりのように案外難しいものです。その代わりひたすら歩くという行為に集中できるので、この「歩く瞑想法」を簡単に実践できます。

　そして次の段階ですが、何かひとつでいいので、**自分の好きなこと、今やりたいと思いついたことを、自分の直観を信じてしばらくやり続けましょう。**

　難しく構えることはありません。本当に簡単なことで構わないので、あ、今自分はこんなことがしたい、と思いついたことを、ひとつだけ、で十分なので、とりあえずやってみましょう。

　ただ、何か思いついた、自分のやりたい好きなことをやる上で、心がけたいポイントがふたつあります。

　ひとつ目は、**その行為をやることで、自分だけでなく他の人**（ひとりでも、あるいはご家族でもいいので）**も一緒に幸福感を得られることをやるのがよりベター**です。そしてふたつ目は、幸福と快楽は別物なので要注意、ということです。

例えば、もしスイーツが食べたいと思ったら、思い切り甘い物を買ってきて腹いっぱい食べましょう。2~3日食べ続けても構いません。飽きるまでやり続けましょう。近所のコンビニを何軒か巡って、スイーツを食べ比べてみましょう。

ここのコンビニのモンブランより、こっちのコンビニのロールケーキの方が甘さが上品でうまいな、次にスイーツを買う時はこっちのコンビニで選ぼう、なんてちょっとグルメ評論家気分で食べ比べてみるのも結構楽しいものですよ。

そして幸福感に満たされたら、「もう十分満たされた」という気持ちを味わった段階でストップしてください。いくらスイーツが好きだからといって、食べ過ぎたら気持ち悪くなりますし、それを毎日続けていたら太り過ぎて病気にもなりますよね。

ごく当たり前のことですが、幸福感も度が過ぎると単なる快楽になってしまいます。そして快楽に溺れると必ず体を壊します。僕はお酒を飲むのが大好きですが、飲み過ぎて酒という快楽に溺れれば、二日酔いになり胃や肝臓といった内臓を壊します。

で、とりあえず思いついた、今自分がやりたいことをやって、いくばくかの幸福感や達成感を得られたら、他にもっとやりたいことはないか、そしてその幸福感をさらに満たして持続させるにはどうすればいいかを次に考えてみましょう。

そしてその時は「自分神様」に、
「もっと幸せになるには何をやればいいですかね？」
と頭の中で宇宙に向かって問いかけてみてください。

すると不思議なもので、その時は「自分神様」からの回答をダイレクトに得られなかったとしても、後々で自分をさらに幸福に導いてくれる、奇妙な偶然や不思議な縁に必ず結びつくのです。

例えば、道を歩いていたら、大人気のケーキ屋が初心者向けのケーキ作り体験教室をやっていて、たまたまその看板を目にしたから、その教室に参加してみよう！　そしたら、おいしいケーキを自分で作れるようになって、もっと安く楽しく幸福感を得られる方法を手に入れた！　というような流れです。あなたのレベルを上げてくれる不思議な幸運の流れに自然に乗れるのです。

あなたは大好きなケーキを自分で作れるようになり、ケーキ屋さんも生徒から授業料をもらえるのでお互いに幸せになれるWin-Winの関係が築けます。自分も他の人もハッピーになれます。

こんな風に、自分のハッピーが他の人のハッピーにもつながる、自分が好きなことやりたいことが見つかれば、もう大丈夫です。

それをやることを「自分神様」も応援してくれるので、どんどん気持ちも前向きになっていきます。そうするとさらに幸運やハッピーな出来事が増えていく好循環が生まれ、ますますあなたの生活がよい方向へ転がっていくでしょう。

ただ、どんなに好きだからといっても、ギャンブルに走ることだけは絶対におすすめしません。なぜなら、ギャンブルで勝った時は気持ちいいかもしれませんが、ほとんどのギャンブルは負ける確率が高く（というか、特に日本でできる公のギャンブルは絶対勝てない仕組みにそもそもなっています）、負けた時に抱く巨大な負の感情のエネルギーが、せっかく頑張って積み重ねた幸運を呼ぶプラスのエネルギーを、一瞬で全壊させてしまうからです。

もしあなたがギャンブル好きであれば（ギャンブル性の高いガチャ機能のついた課金制のアプリゲームも含め）、ギャンブルから今すぐ手を引くか、自分は一生お金と縁のない不治の病にかかってしまったと思ってあきらめてください。

1日1回、人からありがとうと言われるのをノルマにしよう！

とはいえ、いくら好きなことをやっているからといって、今の状況がいきなり好転するというものでもないことも確かです。好きなことに没頭している間だけは、抗えない現実に目をつむって見ないことは多少できるかもしれませんが、また目を開けると目の前に広がっているのは、草ぼうぼうの荒れた広野か波しぶきの高い荒れた海かもしれません。

また日々の仕事や家事育児などに忙殺されてしまい、自分の好きなことやりたいことをやる時間が取れない、あるいは自分が好きでやりたいことなんて、いくら考えても思い浮かばない、という人もいるかもしれません。

そんなあなたに、ぜひ心がけて習慣づけて欲しいことが、さらにもうひとつあります。これをやるようにすると運気がどんどん上昇していき、ふと気がついた時には元いた場所より全然高いところに立てているでしょう。

それは**人から「ありがとう」と言われることを、何でもいいからする**ということです。

成果を実感できるまではちょっと時間がかかるかもしれません。

ですが、人からありがとうと言われる、**その日々の「ありがとう」を少しずつ積み重ねていくことこそが、一番確実にあなたに幸運をもたらす最強の必勝法なのです。**

前述したように、人の意識のエネルギーは、その人の脳内にとどまらず、大きな波動で全宇宙へとつながります。僕らが感じる「幸せ」という意識は宇宙にも幸福感をもたらし、怒りや憎しみの感情は宇宙を陰うつなものにします。

この意識のエネルギーが伝わるのは、なにも広大な宇宙に限った話ではありません。あなたの周りにいる人たちにも、当然伝わります。

明るくハッピーな人のそばにいれば、なぜか自分も明るくハッピーな気持ちになれるし、イライラしている人の近くにいれば自分もイライラしてきます。みなさんもきっと経験したことがあるでしょう。

人が抱く意識にはエネルギーがあり、そのエネルギー（氣と呼んでもいいでしょう）が他の人にも伝わるからこそ、このようなことが起きるのです。

そして、人が、周囲にいる他の人に向けて放つ様々な意識のエネルギーの中で、**最良かつ最強の素晴らしいエネルギーこそ、「ありがとう」という、人に感謝し、人から感謝されるというエネルギー**なのです。

よい〝言霊《ことだま》〟最高ランキング第１位のワードが「ありがとう」なのです。

ですから、自分が誰かにありがとうと言うことは、素晴らしいエネルギーを言葉に乗せて人に送ることであり、人からありがとうと言われることは、素晴らしいエネルギーを人からもらうということなのです。

そしてこの「ありがとう」という感謝のエネルギーがあなたの体内、そして脳内に蓄積されればされるほど、運気が上向いてハッピーなライフをエンジョイできるようになっていくのです。

感謝のエネルギーは、全宇宙を巡り、何倍にも何十倍にもなってあなたのところに帰ってきます。そしてあなたはこのエネルギーに包まれて、**幸運を受けやすいハッピー体質**になれるのです。

僕はこの〝**言霊**〟**のエネルギー**も体で感じることができます。それは優しくて暖かくホンワカしていて、心地よい春風のようなエネルギーです。

僕は、この感謝のエネルギーの良さというものを体感で知っています。ですから、ささやかなことですが、電車の席に座っている時に、お年寄りや体の不自由な人や妊婦さんを見かけたら、必ず席を譲るようにしています。席を譲った人から言われる「ありがとう」という言葉が、自分の運気を上げてくれることを知っているからです。

また街を歩いていて募金活動をしている人を見かけたら、必ずいくばくかの募金をするようにもしています。募金をしてありがとうと言われることが、自分の金運アップにつながることも知っているからです。

まさに「情けは人の為ならず」で、人から感謝されるという意識のエネルギーは、必ず巡り巡って大きな幸運となって自分の元へと帰ってきてくれるのです。川の上流で生まれた1センチにも満たない鮭の稚魚が、4年後に1メートル近い大きさになってまた生まれた川へと戻ってくるようなものです。

ですから、1日1回、誰かから「ありがとう」と言われることをするというノルマを自分

に課すようにしましょう。

必ず毎日達成できなくても気にしないでください。毎日電車に乗っていても、必ずしも席を譲るべき人が自分の前に立つとは限りません。

大切なのは日頃の心がけ、気構えです。また本当に些細な、今の自分ができることからでOKです。

家事を奥さんに任せきりなら、たまには皿洗いを自分から率先してやってみましょう。普段あまり奥さんにありがとうと言わない人なら、どんなことでも奥さんにありがとうという感謝の気持ちを伝えましょう。そうすれば自然と奥さんも、あなたにありがとうと言ってくれるように変わっていきます。

電車に乗っていて、手荷物を棚に乗せようとしている小柄な女性がいたら、荷物を棚に上げるのを手伝ってあげましょう。道に迷っている人がいたら、どんどん声をかけて道を教えてあげましょう。パソコンが苦手な上司がいたら、使い方を教えてあげましょう。

会社で働くOLさんが喜ぶような、3時のおやつにちょっとしたお菓子を差し入れしてあげましょう。

もし時間と体力にゆとりがあるなら、ボランティアにも参加しましょう。

もしあなたが物を売る仕事をしているなら、商品を買ったお客さんに心を込めてありがとうと言いましょう。あなたが商品を買って店員さんからありがとうと言われたら、その人の顔を見て、感謝のエネルギーをしっかりと受け取るようにしましょう。

こんな誰にでもやろうと思えば簡単にできる、ちょっとした「ありがとう」が、後々あなたに大きな幸運をもたらしてくれるのです。しつこいようですが、とても大事なことなので繰り返します。

「ありがとう」という感謝のエネルギーは、あなたを幸せにしてくれる、人類の意識の中で最良・最強のエネルギーなのです。

そして人から「ありがとう」と言われる人を「自分神様」も全力で応援してくれるのです。

負のエネルギーから身を守る護身術

さて、ここからは余談というかおまけになりますが、意識、そして言葉にはエネルギーがあるので、ありがとうという感謝の意識によいエネルギーがこもっているように、人の悪口や陰口、またイライラしている人が発する言葉にはマイナスの悪いエネルギーがこもっています。

そんな悪口や陰口、イライラしている人が近くにいる時に、その悪いエネルギーから自分の身を守る、とても簡単な方法をお教えしましょう。

マイナスの意識のエネルギーが近くにあるなと感じたら、フッと息を吐いてください。そして蚕《かいこ》が口から絹糸を出すように、その息は金色の糸のような感じで、その金色の糸でできた繭《まゆ》で自分の全身を覆って、**金色の光のバリアを張るイメージ**を持ちます。ちなみに、この金色のバリアを僕は自分の肉眼で見ることもできます。

この自分にバリアを張るイメージは、やればやるほどそのバリアの防御力も厚くなってアップしていきます。

またこれは、あなたがあまり好きではない、苦手な人が近くにいる時も有効です。あなたが「私、あの人ちょっと苦手で嫌い」と思うような人は、だいたい他の人からも嫌われている人が多く、そういう人はたいてい負のオーラを発しています。そんなしょーもない人から毒気を浴びる被害に遭う必要はまったくありません。

金色のバリアを自分の周りにしっかりと張って、自分の身を守るようにしましょう。これを続けていると、不思議なもので、その人の方から離れていったり、突然部署を異動になったりして、その人との悪縁がスパッと切れたりするのです。

「自分神様」とつながるポイント！

□迷ったらワクワクする方を選ぼう！
□自分も他人もワクワクできることを探そう！
□落ち込んだ時はブッダの瞑想法で乗り切ろう！
□家を出よう！　そして歩こう！
□1日1回人からありがとうと言われよう！

第3章

直観力を磨いて自分神様とつながろう！

僕の上司が生霊に取り憑かれた!?

「自分神様」とは、僕のような霊能力と呼ばれるちょっと変わった力を持っている人でなければ直接対話することはできません。そしてプロの霊能者の多くは、生まれつきの才能を持っている人が多いようで、幼い頃から不思議な体験を重ねたというプロフィールを掲げている人がたくさんいます。ですが瞑想のような「脳トレ」を繰り返しているうちに、僕のように後付けで能力が磨かれて開花する人間もたまにいます。

前述したように、僕はアメリカのモンロー研究所が開発した「ヘミシンク」®という特殊音響が入った瞑想補助CDを聴きながら毎日瞑想していたら、常に僕のそばにいて僕を見守ってくれている「自分神様」と直接会話できるようになりました。

その会話のやり方はテレパシーのようなものだと思ってください。どこか一点を見つめていると、「アラジンと魔法のランプ」のような煙と共に「自分神様」が目の前に現れて会話をするというわけではありません。

目を閉じて軽く息を吐き、自分の脳内のどこかにある「自分神様」と会話をするためのスイッチをオンにして回線をつなげる感じです。パソコンやスマホの画面にあるインターネットのアイコンを押すとインターネットとつながる感じです。

すると脳内にガンさんや猫さんのイメージが現れて、僕が頭の中で話しかけると、それに対する答えが返ってくる、他の人の耳には聞こえない声が脳内に響く、という感じです。

僕が自分からスイッチを入れなくても「自分神様」の方からいきなりメッセージを送ってくる場合もあります。ですが僕の場合、そういう時はこれからかなり精神的・肉体的にヤバイことが起こる前兆です。「自分神様」が、気を付けた方がいいよ、と警告を発してくれる時です。ですから基本、僕の方からアプローチをしなければ彼らとの会話はできません。

さて数年前、僕は会社である上司と対立しました。対立したというより、その上司が僕に対して一方的に陰湿なイジメをしてくるようになったのです。

変なところにだけとても頭が回るので、僕に対する仕事の指示を締切直前になるまでしなかったり、僕がやった仕事にケチをつけてきたり（こっちは完璧に仕事をこなしているのに細かいイチャモンをつけてくるのです）と、微妙にパワハラとまでは言いきれないようなことを計算ずくでやってくるのです。

大変なストレスを抱えて、毎日その上司と会社で顔を合わせるのが苦痛でした。特になにか僕に落ち度があったわけではないので、なぜその人が僕をイジメてきたのか、理由は今でもまったくわからないし心当たりもありません。

ただ、その人は、うちの会社ではありえない回数の部署異動を繰り返してきた人なので、おそらくこれまでも、各部署でクビにはできないレベルのトラブルを起こしては部署異動という名のたらい回しをされてきたのだと思います。僕に対するイジメも、おそらく憂さ晴らしか何かが目的だったのでしょう。

あまりに腹に据えかねる行いが続いたため、僕はそのさらに上の信頼できる上司に相談し、仕事上で接触する機会もかなり減らしてもらいました。

職場で文句を言いにくい上の立場の人からくだらないイジメを受け続けたら、耐えられないストレスに悩まされることでしょう。イジメや人間関係のトラブルが原因でその会社を自分から辞めた、なんていう話もよく聞きます。

ですが僕は、これからかなり精神的にダメージを食らうようなことが起きることをあらかじめ知っており、近々何か来るな…と覚悟していたので、何とか乗り切ることができました。自分を襲う危機に対して心構えができていました。

なぜそのような覚悟ができていたかというと、その上司と一緒にチームを組んで仕事をするようになる数日前のこと。会社の休憩スペースで休み時間にお茶を飲んでいる時に、珍しくガンさんの方から僕に話しかけてきて、僕にアドバイスをくれたからです。

その時ガンさんは**「待てば海路の日和あり」と、ひと言だけ伝えてきました。**

この句は、旧日本海軍の東郷平八郎司令官が日露戦争で、いよいよロシアのバルチック艦隊を日本海で迎え撃つ前に詠んだ、という東郷平八郎の「英雄伝説」まで創作されるくらい、よく知られています。

海が荒れていて出航できなくても、我慢強く待っていれば必ずいいタイミングが訪れる、という意味です。

ガンさんの方から僕に話しかけてきたり、こうしたメッセージを伝えてくることは普段はほとんどありません。寝ても覚めても四六時中誰かが自分に話しかけてくる声が聞こえてくるようなら、それは「自分神様」からのメッセージではなく幻聴の可能性が高いので統合失調症という心の病気を疑った方がいいかもしれません。

また、僕が何か悩み事を抱えてガンさんに相談した時でも、十中八九は「大丈夫だよ、心配しなくていいよ、なるようになるよ」と答えてきます。ですからガンさんの方から僕にいきなりメッセージを送ってくる時というのは、これからかなりヤバイことが起きる前触れなのです。

そして「待てば海路の日和あり」というメッセージのおかげで、僕は泰然と構えて自分の精神状態を保つことができました。じっと我慢していれば、必ず時間が解決してくれることをガンさんから聞いていたからです。

なぜその上司は僕に陰湿で執拗《しつよう》なイジメ行為を繰り返すのか、彼の「自分神様」にアクセスして聞いてみたことがあります。その時は、彼の祖母と名乗る老婦人が出てきて「うちの孫がご迷惑をかけて本当にすみません。ごめんなさい、許してあげてください」と、ひたすら頭を下げて謝られるばかりで、結局理由はわかりませんでした。

その後彼はどうなったかというと、なんと重い癌にかかっていることがわかり長期入院。命は助かり会社にも復帰し、体調をおもんばかってくれた上司たちの配慮で負担が少ない仕事をやる、同じ部内の別の課に移ったものの、そこでもヘマを繰り返したらしく、結局はまた他の部署へと異動していきました。このままの状態でいると彼自身の心も体ももっと不健康になるだろうと、彼の「自分神様」が上でいろいろ動いて、いろんな縁を断ち切ることで半ば強制的に彼の環境を変えたのだとしか思えないのです。

前章でもお伝えしたように、**人の意識は強力なエネルギーを持っています。**これまで彼は、長年いろんな人から怒りや恨みの念を送られ続けていたのではないでしょうか。そうした悪念のエネルギーを受け続けていると、人は必ず体調を崩して病気になります。負のエネルギーが体に蓄積していくと、体を巡る氣やオーラの流れも滞ります。

こうした心身に影響を及ぼす悪念が「生霊」と呼ばれるものの正体です。

余談ですが、生霊というのは、霊能者にとって一番祓うのが厄介なエネルギーです。普通（？）の霊が取り憑いたら祓う方法はいくつかありますが、この現世で生きている人間が送り続けてくる悪念のエネルギーをブロックするのはとても難しく、その悪念を送ってくる人との関係性を本人が改善するか、スパッと完全に縁を切らなければ、延々と悪念が送られ続けてくるからです。

その癌になった僕の元上司も、これまでに彼を憎んだり悪感情を抱いた人たちが放った、生霊という悪念の負のエネルギーが長年の間に蓄積されて体中が邪気におおわれ続け、ついに内臓にまでダメージを及ぼして癌という病気になって現れたのでしょう。

ですからみなさんも、くれぐれも人から恨みを買わないよう、生霊という悪念を飛ばされないよう日頃の言動に注意してください。特に会社などで働いている人は、目下の人に自分の感情に任せて怒り散らしたりすると、それも結局自分に返ってくるのでロクなことになりません。

ともあれこの僕をイジメた元上司の一件は、ガンさんが言った通り「待てば海路の日和あり」、じっと我慢しているうちに、時間が解決してくれて無事彼との縁も切れたのです。

あなたの「自分神様」との会話力テスト!

さて、僕のように「自分神様」からダイレクトにメッセージを受け取れる人でなくても、自分の予感が当たったとか、こうなるんじゃないかと思ったらその通りになったという経験をしたことがある人は多いと思います。**「虫の知らせ」**なんてよく言いますよね。特に結婚相手と巡り合った時、出会った瞬間「あ、私はこの人と結婚するんだ」と一目見て思った、なんていうエピソードはよく聞く話です。

ということで、あなたには「自分神様」からのメッセージやインスピレーションを直接ダイレクトに受け取る能力があるでしょうか？　それがわかる簡単なテストをやってみましょう。

目を閉じて、あなたの「自分神様」をイメージしてみてください。

もし「自分神様」がうまくイメージできなければ、すでに亡くなった方であなたが親しくしていた人や、あなたをかわいがってくれたお祖父ちゃんやお祖母ちゃんの姿などをイメージするのでもOKです。

イメージができたら、その頭に浮かんだ人と目を閉じたまま2~3分くらい会話をしてみてください。

そして、その人にいくつか質問をしてみましょう。

どんな内容でも構いません。
それでは目を閉じて会話と質問をスタートしましょう。
そして会話が終わったら、目を開けてこの文章の続きをお読みください。

それではあなたの「自分神様」との会話能力チェックの結果を解説します。

あなたが今行った、頭に浮かんだ人との対話の中で、
「予想外のこと」や「想定の範囲外のこと」が答えとして返ってきたことはあったでしょうか？

あなたが投げた問いかけに対して**まったく予想外の答えが返ってきた、**とか、**自分が想定していなかった話題を向こうから振ってきて予想外の会話の流れになった**とか、**逆に向こうから予想もしない質問を投げかけられた、**というようなことはありませんでしたか？

もしあったとしたら、そしてそれが多ければ多いほど、あなたは「自分神様」と対話する能力やセンスの持ち主です。

今やったように、目を閉じて脳内に浮かんだ人と会話をするというトレーニングを日常的に繰り返しているうちに、僕のように「自分神様」と会話できたりアイデアやインスピレーションをよりダイレクトに、そしてより正確で詳細な内容を受け取れるようになる可能性も十分あるでしょう。

予想外で想定外の質問や返答なんて全然得られなかった、それどころか会話も成り立たなかったという人は、残念ながら「自分神様」からのメッセージをダイレクトに受け取れる能力やセンスはあまり高くないでしょう。

だからといって落ち込む必要はありません。例えあなたにそんなセンスがなくても、「自分神様」があなたをサポートし続けてくれていることに変わりはないからです。手先が器用な人と不器用な人、スポーツが得意な人と苦手な人がいるように、人には向き不向きというものがあるのです。

脳トレで「自分神様」と話せるようになる！

さて、「自分神様」とダイレクトにコミュニケーションできるセンスがあった人もなかった人も、「自分神様とより深く密につながりたい」という思いは一緒だと思います。ではその思いを達成へとより近づけるためにはどうしたらよいのでしょうか。

結論から言うと、**脳や意識の状態を、「自分神様」からのメッセージやインスピレーションを受けやすいものに変える、トレーニングを日々重ねることです。**

ちょっとした日々の工夫と少しの努力で、あなたの脳は格段に「自分神様」からのメッセージを受けやすい状態へと改良できます。あなたの脳内に「自分神様」と対話するための新しい回路を少しずつ構築していくのです。

そろばんの上級者は、手元にそろばんがなくても、頭の中にあるそろばんをはじいて暗算できます。日々そろばんの練習を繰り返すうちに、脳内にそろばんと同じ回路が構築されたからこのようなことができるのです。

幼い頃に自転車に乗る練習をみなさんやったことがあると思います。自転車に一度乗れるようになると、運転の仕方を忘れて乗れなくなってしまうということはありません。一生自転車をこぐことができます。これも脳の中に自転車を操作するための回路ができあがっているからです。

僕はスキーが趣味なのですが、スキーもうまく乗れるようになるのにかなり練習が必要です。ですが一度スキーの乗り方を覚えると、自転車と同じで一生スキーをやることができます。

人間の脳はこのように、ちょっとした訓練を積み重ねることで、**脳に新しい回路、新しいシステムを構築することができます。**そこに年齢は関係ありません。頭の中のそろばんをはじいて暗算をし、自転車やスキーに乗れる回路を脳内に構築するのと同じように、「自分神様」とコンタクトを取ってコミュニケーションできる回路を、みなさんの脳内にも新たに構築すればいいのです。

実はこれは**やろうと思えば誰でもできること**なのです。しかも、どれもそんなに難しいことでもありません。ただ、そのやり方がわからないから、やれないと思い込んでいるだけです。

みなさんの脳というパソコンには「自分神様」と会話するためのソフトやアプリは、実は生まれた時からインストールされているのです。システムフォルダ内の、たくさんあるファイルの奥の奥にしまい込まれていて、デスクトップの画面上にわかりやすくアイコンが置かれていないから、それをクリックしたりタップして「自分神様」と会話するためのソフトやアプリを開いて、起動させ、画面を立ちあげさせていないだけなのです。

ですが、今までの日常生活の中に、ちょっとした習慣を加えてあげると、脳の中に次第に「自分神様」と会話するための回路ができあがってきます。「自分神様」と会話するための脳内ソフトや脳内アプリをうまく起動して操作することができるようになります。

では、そのソフトやアプリは脳のどこにあるかというと、右脳にあります。直観やインスピレーションを受け取る時に働く部分です。

この右脳の働きをいかに活性化させるかが、カギを握っているのです。

人間の脳は右と左の二つに分かれていて、脳梁《のうりょう》と呼ばれる部分が、その左右の橋渡しをしているとされています。そしてものすごくざっくり説明すると、左脳は言語と思考を司り、右脳はイメージ認識とアイデアを司ります。

例えば動物園に行ったとします。檻の中にいる大きくて全身が金色の毛でおおわれた動物を目にします。首の周りにフサフサとした長い毛が生えているものといないものがいます。

この肉眼が捉えた映像情報を、金色の毛でおおわれていて、たてがみが生えているのといない2種類の動物が檻の中にいる、とイメージで認識するのが右脳の役割で、その生き物を「ライオンのオスとメス」だと言葉を使ってカテゴライズして認識するのが左脳の役割です。

そして「自分神様」と会話する時、ファーストコンタクトとして、まず「自分神様」という肉眼では見えない存在のイメージを認識するのも、この右脳の役割なのです。

「自分神様」との会話はテレパシーのようなものと前述しましたが、僕が「自分神様」と会話するための脳内スイッチを入れると、まず脳内に現れるのはガンさんや猫さんの姿、イメージです。

この、脳内で「自分神様」が宇宙から送ってくる情報を、イメージとして認識するのが右脳であり、これがまず第1段階です。このイメージ認識がとりあえずできるようにならないと次のステージへは進めません。右脳の働きの活性化がカギと言ったのはこのためです。

さて、「自分神様」の姿をイメージできたら、次のステップは会話です。

ですが、これも僕らが話す日本語が耳に聞こえてくるわけではありません。すべてイメージです。宇宙から膨大な「非言語」の情報がテレパシーのように僕の脳に伝わってきます。この意識エネルギーの波動を感じ取るのも右脳の認識です。

そして、その右脳で受け取った情報を、次に左脳に受け渡して日本語化します。「自分神様」が伝えてきた「宇宙語」を左脳を使って「日本語」に翻訳するのです。

耳の不自由な人が手話で会話する時、話す人の手の形と動きをまず右脳が認識し、それを左脳で言語化して日本語に翻訳します。

言語を使わない動作だけによる意思の伝達は僕らもしばしば普通に行います。人とおしゃべりをしている時に、近くにいる誰かが人差し指を立てて口元に持ってきたら「話し声がうるさいから静かにしろ、しゃべるな」と言いたいのだなと、右脳と左脳を連携させて相手の意思を理解します。

この、相手から送られてくる意思伝達の情報を解釈して言語化する作業を、目や耳を使わずに終始脳内だけで完結させるのが「自分神様」との会話でありコミュニケーションなのです。

インターネットを使って情報を得る時のイメージに例えてみましょう。インターネットを利用しようとした時、サーバーから光回線や電波を通じてパソコンやスマホに送られてくるのは、0と1という二進法の数字の羅列です（実際には0と1という文字が送られるのではなくあくまで信号です）。このふたつの数字がものすごい密度とスピードで大量に送られてきます。

それをパソコンやスマホの中にあるＣＰＵという電算処理装置が演算して、パソコン・スマホ端末で言語化・映像化できるようにします。そして「自分神様」と相互通信をする時に使う、いわば「脳内ＣＰＵ」と呼べるような情報処理装置の回路が集中しているのが右脳なのです。

ですから「自分神様」から送られてくるアイデアやインスピレーションをうまく受け取れるようになるためには、**あなたの右脳を活性化して直観力を研ぎ澄ませるような生活を送り、それを習慣づけること**が大切になってくるのです。

それでは、あなたの右脳を活性化するために、日常生活の中でどのようなことを心がけていけばいいのかを具体的に解説していきましょう。

よい運気を呼ぶにはよいウンチから！

「自分神様」からのアイデア、宇宙から送られてくる情報やインスピレーションをうまく受け取れるようになるために必要なのは、前述したように脳、特に右脳を活性化することです。右脳が元気よく働けるようにすることです。

では脳を活性化させるために大切なことはなにかというと、意外と思うかもしれませんが、**腸を元気にすること**がとても重要なのです！ **よいウンチをモリモリと出す腸**がいいんです。

腸は脳と密接な関係にあります。

これは生き物の進化に深く関係しています。地球に生きるすべての生き物の使命は、命をつなぐ栄養を摂ることと子孫を残すことです。そして光合成を行う植物のように自分でエネルギーを作れない動物は、他の生物を捕食してエネルギーを摂取します。ですから、動物の進化の過程で一番最初に発達してきた体内器官はエネルギーを吸収する腸であり、子孫を残すための生殖器です。

より捕食してたくさんの栄養を得て、よりたくさんの子孫を残すためには、自分からたくさん動いて移動しなければなりません。そのため次に発達したのは筋肉です。

そして、よりたくさんの栄養を摂り子孫を残すためには、どう筋肉を動かしてどこに移動すればよいか、その体の動きを効率よくやれるように最後に発達した器官が脳なのです。

最初にあるのは腸で、脳は一番最後なのです。ですからプランクトンと呼ばれる微生物で、腸はあっても脳を持たない生き物もたくさんいます。

生物の進化の頂点にいる人間の遠い祖先も同様の進化を遂げてきました。ですから、その子孫である僕ら人間にとっても、体の中で一番大切な器官は腸だと言っても過言ではありません。生物が生命を維持するという意味において、最重要な器官は腸なのです。

ちなみに、人間の体で一番最後に進化したのは、脳の大脳皮質の前頭葉の部分です。このくらい脳というのは新しく後付けされた器官なのです。ですからあくまで生命を維持するという機能生理学的観点のみで見れば、腸が天皇であり、脳は天皇である腸の命令に従って動く行政執行府に過ぎないのです。

ところでみなさん「脳内ホルモン」という言葉を聞いたことありますよね。ドーパミン、アドレナリン、ノルアドレナリン、セロトニンｅｔｃ…。脳内伝達物質とも呼ばれるこれらのホルモンの働きが脳に大きく作用することはご存じの通りですが、こういった「脳内ホルモン」と呼ばれる物質の9割以上が、実は腸を始めとする消化器系器官で作られているのです。ですから脳を活性化するためには、まず腸を元気にしなければならないのです。

そして「自分神様」からのインスピレーションをしっかり受けるために、この脳内ホルモンの中で**特に重要なのがセロトニンと呼ばれる物質の働き**です。このセロトニンも腸でその9割以上が作られています。

セロトニンという物質が脳の働きをマイルドなものにして、リラックスした穏やかな安静感をもたらすことは広く知られています。

そしてこの**セロトニンがしっかりと分泌されていて、脳が穏やかで程よいリラックスをした状態の時こそが、「自分神様」からのメッセージやインスピレーションを一番しっかりと受け取れるタイミング**なのです。これは右脳の感覚的な働きが研ぎ澄まされている時です。

ここでちょっと、自分が少しイライラしている状態の時を思い浮かべてみてください。

イライラしている時というのは「怒っている」時です。

この時、あなたの左脳はフル回転しています。なぜアイツは私にあんなことを言ったのか、なぜコイツは私にこんな態度を取ったのか、ああ言い返してやればよかった、こうやり返せばよかった…などといろんな思いが思考を支配します。怒っていますからコントロールも利きません。

この時、あなたの左脳は猛烈に思考しています。物を考える時は言葉を使って考えるからです。試しに、言葉を一切使わずに物事を考えてみてください。何も考えられませんよね？

イライラ思考という、たくさんの言葉たちが頭の中を駆け回っている時は、ドーパミンやノルアドレナリンなどの脳内ホルモンも出まくりの軽い興奮状態です。

イライラがひどい時は、ちょっとした物音やテレビの画像と音声、人の話し声すらうるさく感じます。左脳がフル回転しているので、目や耳、つまり視覚や聴覚で捉える情報を右脳で処理する余裕がないからです。

右脳と左脳の動きのバランスは、公園にある遊具のシーソーのようなものです。**左脳の方が上がれば右脳の方は下がり、逆に右脳の方が上がれば左脳の方は下がります。**

ブルース・リーのカンフー映画の中に「考えるな、感じろ」というセリフがありますが、これは左脳で思考して技を〝使おう〟とするのではなく、右脳で感覚的に捉えた直観のままに技を〝繰り出せ〟、ということです。

この、ちょっとイライラしたり、難しい本を一生懸命考えながら読んだり、試験問題を解いていたり、超忙しく働いている最中というのは、いずれも思考、つまり左脳が猛烈に働いている状態です。しかも人間は何もしていない時でさえ、左脳を忙しく回転させています。頭の中をいろんな考えがよぎります。いわゆる「雑念」です。

こんな具合に、人というのは、起きている間は基本的に左脳を働かせています。ですが左脳がフル回転している時というのは、「自分神様」からのメッセージを受けにくい状態でもあります。右脳の感覚的な情報処理能力の回転が滞っているので、宇宙にいる「自分神様」が送ってくれる意識のエネルギーの波動を捉える感覚も鈍ってしまうからです。

では逆に**右脳の働きがよい、右脳優位の状態**はどういう時でしょうか。

心穏やかにリラックスしている時です。心地よいそよ風が吹く森の木漏れ日の中で小鳥のさえずりを聞き、浜辺に打ち寄せる穏やかな波しぶきの音に心も洗われている時です。このように穏やかな状態の時には、脳内にセロトニンが放出されていて、心のざわつきもなく、とてもリラックスしています。

ニワトリが先か卵が先かではありませんが、リラックスしているからセロトニンが出るのか、セロトニンが出るからリラックスするのかは、実はまだはっきりわかっていません。ただ脳のリラックスとセロトニンに深い関係があることは間違いありません。

さらに医学的に明らかになっているのは、セロトニンの分泌が足りないと、人間はイライラしやすくなったりうつになったりします。脳は動いた後で穏やかに休みたいのに、いつまでも左脳の空回りを止められず、じっくりと休むことができにくくなってしまいます。

さあ、みなさま、お待たせしました！　いや、お待たせし過ぎたかもしれません。ずいぶん前置きが長くなりましたが、ここでようやく、「自分神様」からメッセージを受け取るには腸が超大事なんだよね、という話につながります。

話をまとめると、

「自分神様」のイメージやメッセージは、右脳で捉えて情報処理する

そのためには左脳を落ち着かせて右脳優位のリラックス状態になろう

⬅

リラックスとセロトニンには深い相関性がある

⬅

セロトニンが不足するとリラックスできないので「自分神様」の情報も受けにくくなる

⬅

セロトニンをしっかり分泌させるために、製造元の腸を健康に保つ

⬅

いいウンチがモリモリ出る！

というということです。やっと伏線を回収できましたね。

しかも、この話にはまだ続きがあります！　やっと小難しい話がまとまったと油断しないでください！　なぜなら私、小難しい屁理屈をこねるのがだ〜い好きなのです。

ウォーキングは体にも脳にもいいことだらけ

さて、便秘の時はイライラし、ウンチがちゃんと出ると、あ〜スッキリした〜！　と大変気持ちがいいですよね。この排便と、その生理機能のメカニズムにも、脳内ホルモンは大きな関係があります。お腹にウンチがたまっている状態というのは、腸に毒素がたくさん詰まっているようなものです。

また女性ホルモンの一種である黄体《おうたい》ホルモンという物質も排便を阻害するためイライラしやすくなります。女性に排卵日や生理日付近で便秘がちになりイライラする人が多いのもこの作用によるものです。

さて腸にウンチという毒物がたくさんたまると、排便を促すために自律神経の副交感神経が優位になり、腸の筋肉を活発に動かして肛門付近の筋肉をゆるめ、排便を促そうとします。脳は、腸の筋肉の動きを活発にしようと体の動きを活発にし脳を興奮させ、筋肉に刺激を与える脳内ホルモンをどんどん出す指令を出します。

ところが排便がうまくいかないと、こういった興奮状態を引き起こすことで腸の活性を促す脳内ホルモンの血中濃度もどんどん高くなっていくため、その反射作用で今度は脳の方が、今はストレス状態にさらされていると**勘違い**を起こし、ますますイライラしてくるのです。

その中でも特にコルチゾールは「ストレスホルモン」と呼ばれるくらいストレスと密接な関係性があります。

前述したように**イライラしている状態というのは左脳優位の状態**です。ということは右脳の活動が劣勢で「自分神様」のイメージや送ってくれるアイデアも捉えにくくなるのです。

逆にウンチがしっかり出た後は自立神経の働きのバランスもよくなり、排便を促すために大量に放出された数々の脳内ホルモンを中和するために、今度はセロトニンがどばーっと大量に放出されます。ウンチが出ると、あ〜スッキリした〜！　気持ちいい〜！　リラックスする〜！　という感じになるのは、このセロトニンの働きのおかげです。

セロトニンが大量に分泌されている時は、脳もリラックスして右脳優位の状態でもあります。ですから**ウンチを出してスッキリした直後というのは、アイデアやインスピレーションがわきやすいタイミング**でもあるのです。

僕は日常の生活リズムの中で、昼食を食べてから3時間くらい経った夕方4〜5時くらいになると、なぜか突然イライラしたり、嫌な過去の記憶が急に蘇ったり、会社の仕事や上司との人間関係のことなどで急に悲観的になったり、と突然ネガティブな感情にさいなまれるということがしばしば起こりました。

そしてそういう時は決まって腸内にウンチがたまっている時で、トイレにこもってウンチをしっかり出し切ると、このネガティブな感情もさっぱりとなくなって消えるということに気づきました。**人の精神状態と腸、そしてウンチには深い関係性がある**ことを経験的に理解できたのです。

ですから僕は、ネガティブでうつっぽい感情が湧き出て止まらない時や、いいアイデアが出なくて煮詰まっている時などは、ひたすらトイレにこもり、ウンチをひねり出すまで踏ん張り続けるようにしています。多い時は1日5〜8回くらいウンチを出す日もあります。

そしてウンチが出てスッキリすると、さっきまでうつうつしていた気分がものすごく楽で穏やかになったり、いいアイデアがフッと降りてきたりするということも経験的にわかりました。

しっかりといいウンチを出すことが、いかに右脳の活性化につながるかということが、これでご理解いただけたと思います。

「自分神様」との関係性をより緊密なものにしたい方は、まずは腸をいかに元気にするかという生活を心がけてください。腸を健康に保つ「腸活」が神様に近づく「神活」につながるのです！

僕自身の経験でいえば、腸を元気にするためにキムチを毎日食べたり、いろんな乳酸菌飲料を飲んでみたりしましたが、結果的にはウォーキングが一番効果的でした。毎日ほぼ欠かさず1時間くらいウォーキングを続けていたら2か月で6キロのダイエットに成功し、毎日快便で食欲も20代の頃に戻りました。おまけに頭のキレもよくなって、いろんなアイデアもどんどん出るようになり、物の考え方もより前向きになり、と体も心も激変しました。

ウォーキングによるほどよい振動が腸に伝わると腸の蠕動《ぜんどう》が活性化し、腸液の分泌も活発になります。また日光を浴びることで体内のセロトニンの量も増え、脳のリフレッシュにもつながると言われています。

またゆったりとしたリズミカルな動きを一定時間続けることで自律神経に適度な刺激が与えられ、交感神経と副交感神経の働きのバランスも整います。これも当然脳の活性化につながります。

このようにウォーキングは体にも脳にもいいことだらけです。これまでもジョギングをやったりプールのあるジムにも通ったりしたこともありましたが、いろいろ試してみて、結局歩くことが一番の健康法だと実感しました。

僕が紹介した方法以外にも、どうやったら便秘を解消したり腸が元気になるかについて書かれた本や情報サイトもたくさんありますので、ぜひみなさんも調べて実践してください。

※今回は話をわかりやすくするために脳や脳内ホルモンの働きなどかなり簡略化して説明しましたが、医学的にまだ未解明の部分も多いです。また脳内ホルモン物質はすべてに重要な役割がありセロトニン＝善、それ以外＝悪、と単純化できるものでもなく、大切なのはそれぞれの分泌の適正量とバランスです。その維持のために日常生活において栄養バランスのよい食事と十分な睡眠、適度な運動が大切なことは言うまでもありません。

ながら○○をやめよう！

これまで繰り返し述べてきたように「自分神様」のイメージや、送られてくるアイデア、インスピレーションは右脳の感覚的な認識を処理する情報野《や》で捉えます。

そして**右脳と左脳の働きのバランスはシーソーのようなもの**で、左脳がフル回転している時は右脳の働きはゆるやかになり、右脳が働いている時は左脳の動きは落ち着きます。

美しいオーケストラの音楽を目を閉じて聞き入って演奏に酔いしれている時や、世界遺産に登録されるような美しく壮大な絶景を見て感動した時など、左脳の働きは一瞬ストップします。うわ～美しい～！　と言った後しばらく言葉を失ってしまいます。

ですが、僕ら現代人の日常生活というのは、起きている時は圧倒的に左脳優位の時間に支配されがちです。朝起きた瞬間から今日の仕事のことや家事・育児の段取りを考え、日中は仕事に家事にと忙殺され、仕事を終えて帰宅した後も、ついだらだらとテレビやインターネットの動画を観ながら考え事をしたりと、左脳はずっとフル回転です。

特にスマホの登場は、我々の生活を便利なものにした反面、四六時中メールが届いていないかスマホをチェックしたり、暇な時はネットのサイトやＳＮＳや動画を観たりと、左脳を休ませる時間を余計に奪い取りました。スマホが手元にないと不安になり、四六時中スマホを見続ける「スマホ依存症」という言葉まで生まれるほどです。

このようなクソ忙しい左脳優位の生活を送り続けていると、人間の脳は気づかぬうちにどんどんと疲れていき、せっかく「自分神様」たちがメッセージやアイデアを送ってくれているのに、それを受け取る右脳の直観的な情報処理能力も衰えていってしまいます。

発想力やひらめき力が鈍っていってしまうのです。

この発想力やひらめき力をしっかりキープし続けるのには、やはり**日常生活のいろいろな場面で、オンとオフをはっきりと切り替えるということが大切**です。自分の行動に常にメリハリをつけること、そしてそれを意識的に積み重ねていく必要があります。

それを意識的に積極的に行うように心がけていないと、スマホの魔力に脳を乗っ取られてしまうからです。スマホの魔力は麻薬的な中毒性を持っているのです。

オンとオフをしっかりと切り替え、左脳を休憩させて右脳が働く時間も確保することが脳のリラックスにもつながります。

「自分神様」からのアイデアやインスピレーションがしっかり受け取れる人というのは、この切り替えがうまくできる人であり、これがしっかりできていれば運気も自然と上がっていくし、逆にうまくできなければ運気も落ちていくでしょう。

そういう意味で、生活の中でついやってしまいがちな、でも一番よくないことが、何かをしながら別の何かをするということです。

そしてスマホの登場と普及以降、ついついどうしてもやってしまいがちなのが、スマホを見ながら何かをやることです。

「ながら行動」です。

スマホを見ながら道を歩いたり車を運転するのはもちろん論外ですが、スマホを見ながら食事をしたり、脳がしっかり休める貴重な昼休みにダラダラとスマホを見て時間をつぶすことは、左脳と右脳のスイッチの切り替えという意味でとてもよくありません。

食事を取る時はスマホをしまって、食事に集中してしっかりと食べ物を味わいましょう。

空いた時間ができるとついスマホをいじってしまう習慣をなるべく正すようにしましょう。

一日のうちで最低1時間、テレビやパソコン、スマホやタブレットに一切触れない時間を設けてみましょう。実際にやってみると、いかに脳がこうした電子デバイスに縛られ疲れ果てていたかというのが実感できますよ。

特に寝る1時間前はスマホを触らないようにしましょう。パソコンやスマホの液晶画面から出ている青色の光・ブルーライトは人間の脳を覚醒させることがわかっています。寝る直前まで液晶画面を見続けていると、特にスマホは画面を目に近づけて見がちなので、ブルーライトを強烈に目に浴びせることになります。すると寝つきも悪くなり睡眠も浅くなって睡眠の質が低下するのです。

試しに、寝る1時間前にはスマホを手放して、しっかり脳を休めつつ、心のざわつきを落ち着かせる効果のある瞑想に当ててみませんか。瞑想をやり続けているうちに**発想力やひらめき力が歴然と変わり、別人のようにいろんなアイデアが浮かび、ものの見方や考え方が前向きになれる**のです。瞑想の詳しいやり方は別の章で後述します。

怒らないことの大切さ

あなたは怒りっぽい人でしょうか？　こう聞かれると99パーセントの人は、いいえ、私は怒りっぽくありません、と答えると思います。

ですが「自分神様」のいる宇宙の視点で眺めると、僕ら人間の99パーセントは怒りっぽい人なのです。

あなたの脳は、実は怒りで満ちあふれています。常に怒りの種火がついていて、ちょっとスイッチを押された瞬間にメラメラと燃え上がります。

「怒っている」状態というのは何も、なんだテメーこのやろー!!　とプンプン怒鳴り散らしている時だけではありません。

例えば自分と大変親しく近しい人が亡くなって号泣している時、あなたは怒っています。あの人が生きているうちに、もっとああすればよかった、こんなことを言ってあげればよかった、と、その人に対する過去の自分自身の対応について怒っています。**後悔というのも怒り**

の感情です。

人を妬んで嫉妬したり、陰口を叩いたり、他人にそれを言わずとも心の中で思っている時、あなたは怒っています。あなたが妬む人と自分自身の埋めようのない人間性の差に嫉妬し怒っています。

成功した人やお金持ちの人を妬んで匿名のＳＮＳで誹謗中傷する人がたくさんいますが、そういう書き込みをやったことがある人に対するアンケートによれば、自分は誹謗中傷などの道徳的に悪いことをやったという自覚がある人は少なく、正義心に駆られて正しい指摘を相手にしただけだと思っている人が８割くらいだったそうです。

ですがこういう人たちも「義憤」というタチの悪い怒り方をしているだけです。自分勝手な正義感を、人の迷惑も顧みずに押し付けて怒り倒しているだけです。匿名なので相手を殴っても自分が反撃されることはなく安全なことを知っているから、平気で言葉の暴力をふるって自分の怒りを発散しているのです。

また最近「キレる老人」という言葉をよくテレビ番組やネットなどで見かけます。駅のホームで駅員や若者や女性に向かって大声で怒鳴り散らしている中高年男性を、僕も何度も見かけたことがあります。

年を取ってくると体も当然老いていきますが、脳も気づかないうちに著しく衰えます。衰え方が一番顕著なのは前頭前野《ぜんとうぜんや》という理性を司る部分です。理性が効かなくなり怒りの感情を抑える力が衰えるから年を取るとキレやすくなるのです。

人間は老いると、その人の持っている本来の気質がより大きく出やすくなります。これを心理学用語で「先鋭化」というそうです。そしてその症状は女性より男性の方が強く現れやすい傾向があるそうです。

そして毎日、新聞やテレビやネットのニュースを見ながら、あなたは怒ります。政治家が不正を働いた、災害や事故で人が亡くなった、大企業の脱税が発覚した、今日も世界各地で戦争が起きている…ニュースは怒りに満ちています。あなたの怒りの火に油を注ぎます。時には警察犬が行方不明の人を無事発見して表彰されたといった、ちょっと心が和むニュースもありますが、その割合は圧倒的に少なく扱いも小さいです。

なぜなら、心が和む話題よりも、暗くて重くて悲しい話題の方がニュース性が高くなるからです。なぜそうなるかというと、

人は怒りたいからです。怒るのが大好きだからです。

マスコミもそれをよく知っています。人を怒らせた方が数字が取れてお金になるからです。

あなたを怒らせてお金を儲けているのです。

このように、人の「怒り」の感情とは狭い意味だけでなく、大きな視点で俯瞰してみないと、その本質は理解できないものです。

では「怒り」はどこからやってくるのでしょうか。

それはあなたの脳内の、「古い脳」と呼ばれる本能的な恐怖を感じる部分から湧き起こります。人にも本能はありますから、危険を察知したら当然回避して逃げようとします。あるいは威嚇したり攻撃したりして、自分に恐怖を与えてくる相手をやっつけようとします。

ただ人間の場合は「新しい脳」と呼ばれる前頭前野、つまり理性を使ってその恐怖を理屈で克服することもできます。

手にナイフを持ちながらブツブツ小声でしゃべっている人を見つけたら、あ、こいつはヤバそうだから近寄らない方がいいと判断して近寄らないように逃げるでしょう。電話で何回も自社の商品にクレームをつけて脅してくる人がいたとしても「あ、こいつはイチャモンをつけて金を取ろうとしているな」とわかれば警察に通報して対処してもらいます。

ですが人間というのは複雑な社会の関係性の中で生きています。たくさんの人が取る様々な行動や感情の間に挟まれながら生きなければなりません。

ですから、例え嫌悪感や恐怖心を抱いてその場から逃げたくても、必ずしも逃げられない場面にもたくさん遭遇します。ガミガミと怒鳴り散らして説教してくる上司の前では、黙って耐えながら説教を聞き続けなければなりません。逃げ出したりしたら余計大事《おおごと》になります。

自分が不快だと思うことをやってきた相手に対して、ぶん殴って攻撃すれば暴力行為という犯罪になってしまいます。逃げようも避けようもなく、相手の不快な振る舞いを甘受しなければならない時というのは日常茶飯事に起こります。

このように、自分の本能から湧き出る不快感や恐怖心を感じたのに、回避行動や退避行動ができない時、理性的に理屈で解決し解消する限界を超えた時に、人は「怒る」のです。

さらに、**怒りっぽい人というのは、自分が怒る理由や原因を人のせいにしがち**です。

こいつがこんなことを言ったから、あいつがこんな行動を取ったから、だから私は怒っているのだ！　あいつがあんなことを言わなければ、こいつがこんなことをしなければ、私は怒ったりしないのだ、と言いながら怒ります。怒っているのは他ならぬ自分自身なのにも関わらず（笑）。

ですが前述したように、怒っている時というのは、興奮して左脳がフル回転している時です。

「怒り」という感情は、始めは脳幹から偏桃体《へんとうたい》、そして大脳辺縁系、という、脳の中でも原始的で本能的な部分で〝発作的〟に起こります。ですが怒りっぽい人というのは、初期段階では本能的で小さい「感情の芽」を、小さなうちに「理性」を使って摘み取ってコントロールすることができません。

そして、怒りの感情が引き起こす興奮に任せて、感情を司る脳の先にある、大脳という、理知的な脳の部分で行う「思考」にまでも、「自分が怒る理由や理屈をさらにたくさん考えさせる」という強制労働をさせて、ますます怒りを増幅させます。「感情」と「思考」の連携による共同作業で、「怒り」の炎をさらに大炎上させていくのです。

その時は、「思考」を行う左脳の部分が怒りに支配されてエンジン全開なので、一方の「直観・感覚」を司る右脳の働きは完全に停止状態です。

そしてそれは大変残念なことに、**「自分神様」からのメッセージやインスピレーションをシャットダウンしている状態**でもあるのです。

怒りっぽい人からは「自分神様」も去っていく

しかも実は、**怒るというのは気持ちがいいこと**でもあるのです。怒るという自分の生理的欲求が満たされるからです。

怒っている時、人間の脳内では、ドーパミンやノルアドレナリンといった脳内ホルモンが大量放出されています。これは性行為で快感を得られる時に放出される脳内ホルモンの成分とよく似ていると言われています。ですから人は怒ると、それを気持ちいいと錯覚するのです。

そして怒りっぽい人というのは、怒ることがクセになっている人なのです。言葉は悪いですが、怒ることと自慰行為にふけることはほぼ同じなのです。快感を得る行為を理性で止められず、人を攻撃することも理性で止めることができない暴力人間です。言葉は悪いですが〝レイプ魔〟と同じなのです。

人に対して怒りを顕わにするということは、自分は自分の感情を理性でコントロールすることができない人間だとアピールしていることです。人に怒られたら相手はどんな気持ちになるかを想像できない思いやりのない人間だと周囲に知らしめている、危険な自己チュー人間です。人前で自慰行為をするのと同じくらい恥ずかしいことなのです。

ですから人に怒りたくなったら、厳しく自分を諫《いさ》めて理性でコントロールしなければなりません。

まさに「短気は損気」なのです。

さてこれまで、どんな人にも、そばには「自分神様」がついていてくれると繰り返しお伝えしましたが、**ごくごくまれに、「自分神様」が後ろについていない人がいます。**「自分神様」がアドバイスをまったくせずにそっぽを向かれてしまった人です。

その人はどういう人たちかというと、**ものすごく怒りっぽくて、考え方があまりに自己中心的な人**です。穏やかで寛容で包容力もある「自分神様」からでさえ匙《さじ》を投げて背を向けられてしまうような人です。

そういう人に限って、自分の本性を隠して僕を頼って必死の形相で相談してくるから困ったものです。僕には隠せても「自分神様」は全部お見通しですし、それを僕にも伝えてきます。あるいは僕が何か問いかけても「自分神様」に一切無視されることすらあります。そんな時は僕も「あなたは怒りっぽくて考え方が自己チュー過ぎるから、神様からも愛想をつかされてそっぽ向かれてます。ですから何もお伝えできませんね」とはっきり言います。「自分神様」からでさえ背を向けられるような人ですから、アイデアやインスピレーションもわかないし運気が上がるワケもなく、幸運も向こうから逃げていくというものです。そして不運ばかりを引き寄せていくのです。

ですから、**できるだけ怒ってはいけない**のです。怒りの感情がわくことは人間の本能的な感情から湧き起こるものですから完璧に止めることはできませんが、その怒りの火が燃え広がらないよう理性でコントロールすることはできます。

そしてその悪しき習慣がさらに悪化しないよう日頃の訓練で軌道修正することもできるのです。

前述したように、怒りの感情に「怒り」と書いた付箋を貼って客観視する、あるいは人間の怒りは6秒以上継続するとコントロールが難しくなるので、とりあえず6数える、と様々なテクニックがありますが、「怒りのコントロール」「アンガーマネージメント」について書かれた本がたくさん出ていますので、自分は怒りっぽい人間であることを自覚して、ぜひこういった参考図書に目を通してみることをおすすめします。**「自分神様」と良好な関係を築きたいのであれば。**

「自分神様」とつながるポイント！

□ 生霊を飛ばされないよう日頃の言動に気を付けよう！

□ ちょっとした訓練で「自分神様」ともっとつながれる！

□ つながるカギは右脳の活性化！

□ 「自分神様」とつながるにはいいウンチから！

□ できるだけ怒らない！

□ 怒りは自分でコントロールできる！

第4章

自分神様とつながって金運を上げよう！

お金はエネルギー

さて、お次のテーマは、お金です。

みなさん、金運上げたいですか？　上げたいですよね？

僕たち、この世で暮らす人間にとって、お金というのは必要不可欠なものです。それに、人生においてほぼすべての人が一番悩まされることのひとつが、お金がらみの問題だと思います。

ですが、じゃあ「自分神様」にお金をもっとください、金運をもっと上げてください、と祈っていればお金がどんどん入ってきてザックザクのウハウハ…というわけには残念ながらいきません。

というのも、そもそもお金というのは「自分神様」がいる高次元には存在せず、僕たちがこの世で暮らすのに使う道具だからです。

農家の人がクワを使って田んぼや畑を耕したりしても、漁師さんが使う網や潜水具などの使い方は知りません。

それと同じように、お金というものも、「自分神様」のいる世界ではまったく必要ないものであり、お金を使うという概念すら持ち合わせていません。

ですからいくら「自分神様」が僕らのことを見守ってくれているとはいえ、自分たちのいる世界には存在しないものを、僕らに頼まれたから、とホイホイ簡単に増やしたり呼び込んだりするのは難しいのです。

例えばアフリカのサバンナで暮らす、とある部族にものすごい狩りの名人がいたとします。鹿を弓矢で百発百中で仕留められる達人です。でも、そんな達人を、いきなりアマゾンに連れて行って、「これからアマゾン川に棲む巨大ワニを仕留めてください、それもできるだけたくさんお願いします」と依頼したとして、そもそもワニという生き物を見たこともなければ生態も知らない人に、捕まえることなどできるわけがありませんよね。これと同じようなものです。

ですから、「自分神様」に協力してもらって金運を上げるためには、その前にまず、この現世に暮らしている僕ら自身が**「お金」という道具の「エネルギーの本質」**というものを深く理解する必要があります。

お金というものに対する僕らの意識の持ち方、というのがとても大切になってくるのです。僕らが事の本質を理解しないまま「自分神様」に頼ろうとしたところで、「この世」と「あの世」にダブルの誤解と混乱が生じてしまうからです。

そして、あらかじめお伝えしなければならない、ちょっと残念な事実があります。

それは、いわゆる金運、つまり**その人のところにやってくるお金の総量は、あらかじめ、あなたが生まれた時から「ある程度」は決まっている、**という真実です。

「輪廻転生」という宇宙の法則で、そう決まっているとしか言えない、個人の努力やあがきではどうにもならない部分が、残念ながらあるのです。さらに「宇宙の法則」ですから、「自分神様」たちも、従わざるを得ないのです。

そのことを受け入れないまま、数年前にブームになった「引き寄せの法則」をいくら実生活の中に取り入れて実践しても、過剰に抱いた期待を裏切られてがっかりしてしまうことになりかねません。

もちろん、「引き寄せ」などの本を参考にしたマインドを取り入れたら「引き寄せる」ことができた人もたくさんいると思います。では「引き寄せ」られた人と「引き寄せ」られなかった人は何が違うのか、そのあたりは後ほど解説します。

また動画投稿サイト『YouTube』では、最近、「これだけで月収1千万円稼げる！」とか「この動画を1分観るだけで金運が爆上がり！」といったタイトルの動画をアップしまくる「開運・金運上昇系YouTuber」の人たちが人気を集めて、チャンネル登録者数や閲覧再生回数も伸ばしているようですね。

僕もそっち系の動画をいくつか閲覧しましたが、もちろん全否定はしませんが、率直な感想は、どれもなんかビミョ〜…です。

そのような人たちが本当に月収1千万円を稼いでいるかという真偽のほどは置いておくとして、実際に稼いでいたとしても、どれだけ長続きすることやら…というのが正直なところです。

「閲覧注意！」「削除必須！」「拡散禁止！」といった〝お決まり〟のタイトルのサムネイルを付けて視聴者の目を引いて再生を煽り、閲覧回数を増やして広告収入を稼ぐ、というビジネスモデルが確立しているようです。だけど肝心の動画の中身は…？？？　金運上昇してるのは視聴者ではなく、広告収入で儲かる投稿者の方じゃゃね？（笑）みたいなチャンネルがほとんどという印象です。

なぜ「どれだけ長続きするのかしら…」と僕が疑問に感じるかというと、失礼を承知で申し上げますと、この手の動画をアップしている、こっち系の投稿者の方々は大概が「浮かれ過ぎてるなぁ…」と思うからです。

露骨に口には出さずとも、どうだ⁉ スゲーだろ？ みんなもオレの教える通りにやればいいんだよ！ と、ノリノリのウハウハな「パリピ感」がひしひしと伝わってきます。「オレが儲けられたんだから、お前もやれば同じように儲かるから！ それを今回は特別に教えるから！」…この手のセリフ、なんとか商法とかなんとかセミナーとかで使われる王道の手口と同じ香りがプンプンします（笑）。

さらに、僕は人のオーラや氣と呼ばれるエネルギーを動画を通じても見られますが、この手の動画を投稿している人たちの中で「よいオーラや氣が出てるな〜」と感じた人は、今のところ、まだひとりもお目にかかれていません（僕がまだこの人は本物！ と言えるような人を見つけていないだけかもですが）。

オーラどころか、あ〜なんかあまり感じのよくない動物霊も一緒にバックに映り込んでるな〜という方も何人かチラホラと…。まあ、ただ動画を観てるだけなら大した実害はないと思いますのでご安心ください。

（※あくまで個人の感想であり、見え方や影響には個人差があります）

では、思いもよらない大金を急に手にした人が「浮かれ過ぎている」となぜあまりよろしくないのか、その理由もまた後述します。


さて話はちょっと横道に逸れてしまいましたが、「引き寄せ」系の本や動画などの情報を参考にしたら本当に「引き寄せ」られた人も実際にいることでしょう。

ですが、これまで経済的にあまり恵まれた生活を送れてこなかった人すべてが、「引き寄せ」本や「金運上昇系 YouTube」動画とまったく同じ手法を使って同じマインドを取り入れたら、突然ギャンブルや宝くじで大当たりしたり、投資を始めたら買った株が急激に爆上がりしたりして、とんでもない大金持ちの「億り人」になってしまった…というような、急激な金運の大変化や突然急上昇の爆上がりというのは、どん欲になり過ぎず、そうなったらいいな〜、くらいの軽いノリで取り組むつもりでいいんじゃないかな〜…というのが僕の個人的な感想です。

金運や人生というのは、そんな安直に一発大逆転を狙って、狙い通りの超絶爆上がり、笑いが止まらないウハウハ状態を、ズバリと起こせるものでは残念ながらないんじゃないかな…と正直思っているからです。

僕らは「目に見えない貯金箱」を持って生まれてきた

なぜかというと、実は、輪廻転生という宇宙のシステムの中で、**僕らはこの世に生まれてくる前に、自分がどのような人生を歩むのかということを、すでにあらかじめ「ある程度」決めて生まれてきている**のです。

僕たちは、この世にオギャーッと生まれる前に、どのような人生を歩んで何を学んでみたいかという大まかな人生設計図を、担当の「神様」と一緒に、あらかじめ「ある程度」決めてから生まれてくるのです。お金をたくさん稼いでいる大企業の経営者や有名なスポーツ選手や芸能人の人たちも、生まれる前に、そんな人生を歩みたい、とあらかじめ決めてから生まれてきています。

ですから、その人が生涯で手に入れられるお金の全金額、つまりお金を貯める「器」の大きさも、すでに生まれる前にあらかじめ、ある程度決まってしまっているのです。
僕らは生まれる時に、目には見えない貯金箱を背中にしょって生まれてきていたのです。

そして、その貯金箱は人によって大きさが違います。大企業の経営者や有名なスポーツ選手や売れっ子芸能人の人たちは、生まれた時から大きな貯金箱を持って生まれてきていて、ある年齢になった時にその貯金箱にどんどんチャリンチャリンとお金が入って貯まって超大金持ちになっていく、そんな運命の下に生まれてきたのです。

しかし僕らは、生まれる前の記憶を消去されてからこの世に生まれてきます。僕らはそれを覚えていないだけなのです。逆に覚えていないからこそ、僕らはお金のことで一喜一憂したり悩んだりするのです。

しかし、**その目に見えない貯金箱の大きさを決めたのは、他ならぬ自分自身**なのです。
ですから、なんでオレは超お金持ちになれないんだろう…と大富豪の人たちや金銭的な大成功を収めた人たちをうらやんでも意味のないことなのです。

ごく一部の超お金持ちを除いて、普通の家に生まれてきて普通に育ち普通の暮らしを送っている僕ら99パーセントの人が生まれた時から持っている、この「目に見えない貯金箱」は、確かにあまり大きなものではありません。しかも、その大きさを生まれる前に決めたのは自分なのですから、今もしあなたがお金に大変苦労しているとしたら、その苦悩や怒りをどこにぶつけてよいかわからなくなりますよね。

意識の持ち方次第でお金持ちになれる!?

ですが、だからといってがっかりして**あきらめるのはまだ早い**のです。ほとんどのみなさんが持っている貯金箱は、大富豪と呼ばれる人たちのそれに比べてあまり大きくないとはいえ、まだ満タンに満たされていないだけなのです。もともとの箱が大きくない上に、さらに入っている金額も少ないのです。

ですが、**ちょっとした意識のあり方を変えるだけで、常に満タン状態に持っていくことは、けして不可能ではありません。**

例え貯金箱そのものは大きくなくても、常に満タン状態をキープできていれば、少なくともお金に困る状態ではなくなるわけですよね。

今まで空っぽに近かった貯金箱から、さらにお金が出ていくのを少しでも減らして、入ってくるお金を少しずつ増やしていけば、やがて貯金箱は満タンに近づきます。

そうなるためには、お金に対する接し方と考え方に、ちょっとしたコツが必要なのです。

お金に対する意識の持ち方を少しずつ変えていけばいいのです。

さらに、みなさんにとって勇気と希望がわくことをお伝えしましょう。

この貯金箱、大きさは決まってはいるのですが、満タンになったら、**さらにその上に新しい貯金箱を上積みしていくことは可能**なのです。

大きさは変えられなくても上積みして数を増やすことはできるのです。で、数を増やすためには、土台となる一番下の貯金箱をまず満タンにして、しっかりと基礎作りをしなければなりません。

ただ、上に積み上げて数を増やすことはできても横に並べて数を増やすことはできません。

ですから一番下の土台となる貯金箱をしっかりと満タンにすれば、人によってペースは違いますが、着実にその貯金箱は上へ上へと積みあがっていくのです。

では、今持っている貯金箱が満タンになって、さらに新しい貯金箱を上積みさせていくには、どのような意識を普段から持っていればいいのでしょうか。

ここで、この「宇宙の貯金箱」のシステムについてちょっと解説しましょう。

まず理解して欲しいことは、みなさんが生まれた時に宇宙から贈られ、ひとりひとりが持っている「宇宙の貯金箱」は、この現実世界にあってみなさんが持っている財布や銀行の預金口座などとは全然違う場所にある、ということです。

ではどこにあるかというと、**みなさんの脳の中にあります。**これは「意識」という言葉に置き換えた方がわかりやすいでしょう。

そして意識は**「表層意識」と「深層意識」の2階建て構造**になっています。

みなさんが日常生活を送りながら、あ、このラーメンうまいよね、とか、アイツほんといい人だよなー、とか、今日のアイツの態度にはちょっとムカついた、とか起きて活動している時に、目や耳から入ってきたいろんな情報を理解し、さらに判断を下すために使われる意識、これが「表層意識」です。

そして「深層意識」とは、もっと根深いところにあって、みなさんが無意識のうちに持っている、人間的な優しさや慈愛の心だったり、子猫を見てかわいい〜と思ったり、ゴキブリを見つけた時に抱く激しい嫌悪感だったりという、表層意識の奥底にある、根源的な感情と結びついている意識です。

この「深層意識」は「潜在意識」という言葉にも置き換えられます。子供の頃に犬に咬まれて、それから犬が怖くなったなんて話を聞いたことありますよね。「トラウマ」と呼ばれる、心に傷として残っている深い爪痕です。このトラウマという心の傷が「深層意識」「潜在意識」というのを理解するのに一番わかりやすい例でしょう。

ちなみに「表層意識」は人間の大脳皮質という「新しい脳」と呼ばれるところで情報処理を行います。人間が脳を進化させたからこそ働かせることができる、理性的で合理的な判断ができる意識です。

これに対し「深層意識」「潜在意識」は脳の大脳辺縁《へんえん》系や海馬《かいば》、偏桃体という、大脳皮質のずっと中の方にある「古い脳」と呼ばれるところで情報発信することがわかっています。

人間より下等な動物の脳にもあって、生存本能に関わる、つまり生命を維持するのに最低限必要な、怒りや恐怖、そしてそれらの感情にまつわる様々な記憶もここに蓄積されています。

突然ヘビを見かけた時に怖くて逃げたいと思う、恐怖から来る逃走本能、人から悪口を言われた時に腹が立つ怒り、親しい人が亡くなった時の涙が出る悲しみ、これらの喜怒哀楽というすべての「感情」は、「深層意識」「潜在意識」によって支配され湧き出てくるものです。

これはすべての動物が持つ本能に由来する意識なので、「表層意識」つまり理性や思考でコントロールできるというものではありません。

例えばピーマンが大嫌いで、見ただけで吐き気がして寒気がするくらい嫌いな人がいます。その人の前に、超高級中華料理店で一皿1万円の青椒肉絲《チンジャオロースー》（ピーマンを大量に使用）を置いても、絶対に箸をつけないでしょう。全部食べなければ全額自腹で払ってもらいますと脅されても、食べられないものは食べられません。このように深層意識・潜在意識は、理性や思考でコントロールはできないのです。


そして「宇宙の貯金箱」は表層意識ではなく、この深層意識・潜在意識と密接に連動して

いるのです。

みなさんが銀行口座からお金を引き出す時などATMの端末を操作しますよね。そしてその操作はもちろん表層意識を使って思考しながら行います。

ですが、この「宇宙貯金箱」を操作するATMの端末は、みなさんの「深層意識」「潜在意識」で操作する、とイメージしてください。

そしてこの深層意識の中にある「宇宙貯金箱」は、表層意識の理性や思考で操作できないがゆえに、**とても扱いづらい大きな特性が、なんと4つもあります。**

この特性を理解して操作するのがとても難しいから、「引き寄せのナンチャラ」的な本や参考書を読んで、そこに書かれた内容を実践しようとしても、実際に「引き寄せる」ことが難しく、「なんや、全然引き寄せられへんやんけ〜！」となってしまうのです。

では、その**4つの特性**とは、どのようなものでしょうか。

ひとつ目は、この貯金箱は頭で考えて指示を出すことができない深層意識・潜在意識の中にあるので操作がとても難しく、操作マニュアルを思考ではなく直観的に理解した上で、さらに根気強い操作の練習をしなければいけないということ。

ふたつ目は、潜在意識、そしてその意識とつながる宇宙にある貯金箱に貯まったお金が、僕らが暮らす現実世界にある財布や銀行口座の方に実際に反映されるまでにはかなりのタイムラグがあり、しかもそのタイムラグも人によってバラバラなので、「宇宙貯金箱のＡＴＭ」を操作する練習を途中で放棄したり断念してしまいがちになること。

３つ目は、この宇宙貯金箱は、上方向に縦に積み重ねることはできても横に並べて置けないので安定性がなく、ちょっとした隙や悪いタイミングがあればあっという間に崩れてしまうこと。

４つ目は、まず最初の１個目の貯金箱を満タンにできた、という実感を直観的に持てないと、宇宙は次の２個目の貯金箱を上に積み重ねてくれない、ということ。
そのためには、とりあえず１個目の貯金箱が満タンになった〜、やった〜！　と心の底から思えるようになる、ちょっとした意識改革が必要なこと。

言葉だけで説明してもなかなかわかりにくいと思いますので、パチンコをやる時のことをイメージしながら例えでさらに説明します。

「引き寄せの法則」を活用している人がしていること

みなさん（と、その意識）は、もっとお金が欲しいと思ってパチンコ屋に入るお客さんです。そしてそのパチンコ屋さん『大宇宙パチンコホール』は、宇宙という目に見えない異空間で店を営業しています。

まずパチンコ屋さんに入ったら、パチンコ台から出てくる出玉を入れてためておく用の、半透明なプラスチックの箱をあらかじめ足元に置いておきます（今はそのようなシステムではありませんが、話をわかりやすくするため、昔のやり方で説明します)。

これがみなさんが生まれた時にもらっている**「宇宙からの貯金箱」**です。

さあ、その箱を足元に置いてパチンコ台の前に座り、いざ勝負！　パチンコ台を操作して出玉を狙います。

ところが、このパチンコ台の仕組みがクセモノです。扱い方がとてもやっかいなのです。「もうず〜っと財布空っぽのままやねん。これで今日勝てなかったら、オレもうアカンわ…だからお願い、勝たせてちょうだい！」とか、「隣のヤツはバンバン出玉ためて、足元にも箱たくさん積み上がってるのに、オレの台ぜんぜんアカンやんけ〜…この台、またハズレなんかな〜…」といった、貧乏根性や疑念など、**お金に対するネガティブな感情を潜在意識の中に抱いたまま打つと、絶対に当たらないという仕組みになっている**のです。

出玉がないから、足元にあるプラスチックの箱も空っぽのままです。空っぽなので当然パチンコホールの従業員のお姉さんも、次の箱を上に重ねてくれません。

そんな状況が続くと、ますます怒ってムキになってしまうのが人の性《さが》というものです。「なんやこの台いっくら座っててても玉出ないやんけ〜！　案の定ハズレ台だったわ〜…」と疑ったり、「お〜い、この台全然出んやんけ〜！　玉出ないように裏で細工してるんやろ!!」と怒ってバンバンと台を叩いたりします。

ですが、そんな疑念や怒りや貧乏根性をこじらせればこじらせるほど、**ますます玉が出なくなる仕組み**になっているのです。

しかもほとんどの人はその仕組みに気づくことができません。そしてあきらめて打つのをやめて台からも離れ、店から出て行ってしまいます…。

では逆に、この『大宇宙パチンコホール』という店でガンガンと出玉を出しまくって大当たりできる人というのは、どんな人なのでしょうか。

それは「今はまだこの台は出玉少ないけど、いつか当たる！　タイミングをじっと待って粘って打っていれば、必ず確変チャンスが来て大当たりするに違いない！　だから今は辛抱や…。でもいつか必ずドカンと来るで〜!!」と、**心の底から信じ切っている人**です。そして粘り強く我慢強く、台を変えたり、と、いろんなやり方を試行錯誤しながら、ひたすら打ち続けられる人です。

そしてこういう人が打つ台ではいつか必ず大当たりが出るというシステムになっているの

です。

この宇宙のパチンコ台には、打つ人がその台を心から信じているか、それとも疑ってあきらめているのかを瞬時に感じ取り、それを台の当たりハズレに反映させる、**超敏感なセンサー**がついているのです！

このセンサーは、打つ人の心の深い奥底のところまで、敏感に反応します。そして少しでもお金に対する疑念や怒りといったネガティブな気持ちを持つと、それを瞬時に察知して、玉を出さないよう台に指令します。

逆に、この台は絶対に出る、いつか必ずきっと出る、という**ポジティブな夢や願望の感情**を持ち続けたまま打っていると、センサーも、あ、そろそろ確変して大当たりにしてもいいよ、という指示をようやく台に出します。

このセンサーはとても機械的でオートマティックです。さらに繊細かつ過敏なくらいの反応性です。このセンサーの反応の仕組みを感覚的に心の底から理解して台に向かう人こそが、確変して大当たりを出せるのです。

そして一度確変すると、足元に置いてあるプラスチックの箱もあっという間にいっぱいになります。

するとすかさず従業員のお姉さんが、その上に新しい箱を重ねて置いてくれます。この2個目の箱もいっぱいになるとまたすかさず3個目の箱を重ねてくれます。こうして勝負に勝ち進めて、どんどん箱をたくさん上に積み重ねていけるのです。

ちなみになぜその箱を横に置かずに縦に積み重ねていくかというと、横に並べて置くと、区分けが曖昧になって隣に座っている他のお客さんの箱と紛れてしまいかねないからです。また万が一「人の金はオレの金、オレの金はオレの金」という暴君・ジャイアンのような客がやってきて、近くにいる人の玉をくすねていくのを防ぐためです。

その人の獲得した出玉を宇宙の店側の方でしっかりと区別し管理しやすくするために、縦に積み上げて、どの箱に入っているのが誰の玉かをしっかりと区別しているのです。

僕らが暮らす「この世」では、人を脅したり騙したりして人の財産を奪うようなことは日常茶飯事ですが、「あの世」にある、この『大宇宙パチンコホール』では、お客が稼ぐ出玉の管理は徹底して行われています。**まして他の人の出玉を横取りするという不正行為は絶対に見逃しません。**

しかも、この「出玉をためておく箱」は、あなた専用にあらかじめ用意されたものなのです。『大宇宙パチンコホール』は、すべてのお客ひとりひとりに、その人専用の箱を用意して来店を待ち構えているのです。そしてその箱は、お客ひとりひとり、全部形や大きさや出玉が入る容量が微妙に違うのです。

なぜかというと、輪廻転生という宇宙の仕組みの中で、そのお客は一生でどのくらいの出玉を稼ぐ人生を歩むかということを、あらかじめ生まれる前に自分で「ある程度」決めているからです。

ですから、そのお客の意向に沿った人生が歩んでいけるように、『大宇宙パチンコホール』側の方でも、そのお客ひとりひとりに合わせて出玉の量や出るタイミングを絶妙に調整しているのです。

ただ、あらかじめ出玉の総量をそのお客が決めているとはいえ、1円単位まできっちりと厳密に決めてきたというわけではありません。なんとなくこのくらい、というざっくりとしたアバウトな決め方です。

ですから人によっては、時とタイミングがたまたま合うと、台が確変して、出玉を入れる箱がどんどん連続して満杯になり、上に高く積み上がることもあるのです。

で、もしそのお客に確変のラッキーチャンスが訪れた時は、**店側がそれを無理やり止めて強引に出玉を調整することもあえてしません。**

そのつかんだラッキーをどう生かすかはそのお客次第、つかんだラッキーから何を学ぶか、あるいは逆にラッキーをつかめないがゆえに何を学ぶかというのも**お客任せ**です。

なぜならこの『大宇宙パチンコホール』の経営理念と運営方針は、お客に勝負をさせて勝った負けたで一喜一憂させることではないからです。

お金について、お客にたくさんの何かを学んでもらい、その学びきっかけで成長してもらうこと、そして次に生まれ変わる時、その来世をどう生きるかという選択をする上で、今世で学んだことを参考材料にして欲しい、という経営方針だからです。

こんな風に『大宇宙パチンコホール』にはたくさんのお客が、全員違う自分専用の箱を持って、それぞれの台で勝負に挑みます。大きな箱にいっぱいの出玉をあっという間に高く積み上げる人、小さな箱すらいっぱいになる前にさっさと店を出てしまう人…。その様はまさしく十人十色です。

さらに台の出玉の量も、出玉を入れる箱も、あらかじめある程度店側の方で準備されてコントロールされています。ですが、この店に設置されている台に付いている**センサーと自分の意識をうまく同調する**ことができれば、勝負の行方をある程度自分で決められる余地も与えられているのです。もし確変して大当たりが出ても、店側はそれを邪魔するような制限や介入はしてきません。

そして**そのチャンスはすべての人に平等**です。

こんな、たくさんのいろんなお客が世界中から、約80億人近くも集まって台に勝負を挑むというのが、この『大宇宙パチンコホール』の全貌なのです。

さて、ちょっと話を戻して、店内にいる、見事確変して大当たりを出した人を再び眺めてみましょう。

そのお客は、ずっと当たりが出ず、長年箱も空っぽのまま、つらくひもじい思いを抱えながら台に向かい続けていました。そしてようやく確変して大当たりしました。

玉がジャンジャカとあふれ出て、玉をためておく箱もどんどん高く積み上がっていきます。

その積み上がった箱を見てすっかり有頂天になったそのお客は、興奮のあまり我を失ってバンザイして手足を大きく振り回しながら飛び跳ねてジャンプを繰り返します。

するとく勢い余って、その積み上がった箱を思い切り蹴ってしまい、ガンガラガッシャーンと大きな音を立てて、積み上げた箱を全部崩してしまいます。やっとの思いで積み重ねてきたのに、興奮し過ぎた自分のせいで、バラバラと店中の床に転がって散りぢりになっていくたくさんの玉…。あわてて回収しようと床を手で漁ってももう手遅れです…。

そしてあろうことか、なんと隣に座っていた客の箱の中にある玉に手を出して盗もうとしたのです。

ですが、この『大宇宙パチンコホール』の警備員はとても優秀です。そんな不正行為は絶対に見逃しません。そのお客は警備員に捕まって、店から追い出されてしまいました…。

この例えがどんな人なのか、みなさんもすぐわかりますよね。

人の金運というのは、かようにとても不安定なのです。財産を築いて大成功したかに見えた人が、あっという間に転落して落ちぶれてしまった…なんてよく聞く話ですが、おそらくその人は、どこかで間違えて、宇宙が望まない貯金箱の積み方を繰り返してしまったのでしょう。

「悪銭は身に付かず」という格言がありますが、これは単なる戒めのための教訓ではなく宇宙の真理を表しているのです。

いくら宇宙のパチンコ台が確変を起こしてジャカジャカと出玉を手にし、急にものすごい大金をゲットできたからといって、あまり浮かれ過ぎてもいけないのです。

浮かれている人のところに積み上げられた貯金箱は、文字通り浮かれて不安定な状態なので、些細なことがきっかけで、一瞬で音を立てて崩れる危険性もあるのです。たくさんいますよね、こういう人も…。

宇宙が用意してくれている、この貯金箱を空に近い状態のままにしておくのか、それとも満タンにして、さらに上に積み上げ続けていくか、それともせっかく積み上げてきた貯金箱のタワーを崩すのか…どう転がっていくかは、**みなさんの意識のあり方次第で変化する**のです。

＊

どうですか？　これが宇宙がみなさんに平等に与えてくれた貯金箱の仕組みなのです。裏を返せば、

「引き寄せの法則」をうまく活用している人とは、貯金箱を上積みして増やすことを、直観的かつ無意識のうちに自然とできるようになった人たちなのです。

じゃあお前自身はどうなのよ？　と突っ込まれるかもしれませんね。確かに僕はどこにでもいる普通のサラリーマンです。ポケットマネーで宇宙旅行に行けるような大富豪などではありません。

ただ、これまでの人生で、うなるような大金を手にしたことはありませんが、その代わり、お金に苦労した経験というのも一回もありません。お金が必要だな〜となった時には、なぜかお金の方から必要な分だけやってきてくれる、という経験も何回もしています。学生の頃までは、親がしっかり金銭面で僕に不自由な思いをさせないよう頑張ってくれていたから、というのも大きいですが、大人になり社会人になってからも、お金に困ったな〜という思いをしたことは一度もありません。

宝くじで１等が当たったこともありませんし世間がうらやむような大金持ちではありませんが、今は会社からもらうサラリーが年収１６００万円以上ありますから、超贅沢な暮らしはしてないけれど（サラリーマンって税金とか社会保険料とか諸々びっくり仰天な額をお上から天引きされるので、実は手取りはそんなにたいしたことはないのです）、日常の生活に不自由はまったく感じていません。

さらに10年くらい前は、サラリーマンとの二足の草鞋《わらじ》を履いて、趣味の延長で自分も楽しみながらできる〝副業〟をしていたらそれがうまく転がって、新車を1台買えるくらいの収入があった頃もありました。会社から十分な給料をもらい、仕事の片手間でやっていた、ほとんど趣味のようなことでさらに収入まで得ることができていたのですから、とても恵まれていたと思います。

僕自身は正直、お金に執着があまりないので、お金だけの面でいえば、今の暮らしで十分過ぎるくらい幸せだと思っています。

さらに第1章で紹介した、ものすごい霊能者のAさんからも「あなたは一生お金に困ることはありません。宇宙からしっかりと守られているから大丈夫」と太鼓判を押されているので、将来に対する不安もまったくありません。後述しますが、この「不安を抱かない」というのも、金運を呼び込む上でとても重要な意識の要素です。

そして、自分の人生を振り返ると、この**お金に対する「ほどよい執着のなさ」**と**「余計な心配をしないこと」**が、かえって金運を呼び込むのだなと感じるのです。

自分自身の経験から、金運を呼ぶには、その大前提となる「意識の持ち方」というのが大事なのだったな～と思っています。この意識の持ち方をはき違えてしまうと、いくら「引き寄せの法則」について書かれた本やネットの記事を実践しても、なかなか金運は上がらず、今「プチ流行語」になっている**「引き寄せ難民」**になってしまうのではないか、と思います。

先に結論を言ってしまうと、お金を得るというのは自分が心から楽しいと思えることをやった後についてくる「結果」であり、大金を稼ぐことが「目標」ではないのです。

人生に必要なお金のことは、すべて西原理恵子の漫画で学んだ⁉

では次に、**お金に対する「よい意識の持ち方」**とはいったいどのようなものなのでしょうか。

ここで僕が真っ先に思い浮かぶのが、漫画家の西原《さいばら》理恵子さんです。お金という点に限れば、これほどドン底から這い上がり、人生の大逆転に成功した人は、日本ではなかなかいないのではないでしょうか。

西原さんは四国地方の小さな漁村に生まれ、素行不良を理由に高校退学をよぎなくされてしまいます。懸命に勉強して大検（大学入学資格検定）に合格するのですが、そんな彼女の父親はアルコール依存症でギャンブル依存症。彼女が大学を受験する試験日の前日に、ギャンブルで作った多額の借金を苦に自殺してしまいます。

そんな悲劇を乗り越え美術系の大学に入学したものの、授業料を払うために様々なアルバイトをしながら苦学生活を送り、そんな中、バイトで描いていたイラストや漫画が大手出版社の編集者の目に留まり、メジャー少年漫画誌で本格デビュー。その漫画がヒットして人気漫画家の仲間入りを果たします。

売れっ子漫画家として大活躍中に、ある男性と結婚しますが、この人もアルコール依存症で、しかも酒を飲んで暴れてDVを繰り返すような人でした。しかしそんな悲惨な現実はオクビにも出さずに、ほのぼのとした家族エッセイ漫画を全国紙に連載、国民的漫画家としての地位を築きます。結局その夫とは離婚しますが、その人が末期がんの余命宣告を受け、元妻という立場で、その最後を看取ります。

人気漫画家として数々のヒット作を生みだしながら、人生の折り返し点も無事通り過ぎました、というタイミングで、長年一緒に仕事をしてきた、超大金持ちの、病院をいくつも経営する院長と交際をスタート、ついに人生最高でおそらく最後のパートナーに出会い、お金の面も含めて本当の意味での幸せを手に入れることができたのです。

自身の描いた漫画はベストセラーとなり、しかも人生の終盤にパートナーになった男性も、彼女以上の超お金持ち…。お金の面だけを見ればうらやましい限りです。ですが、最高の幸せをつかんだ今現在に至るまでには、口では語りつくせない苦労や、つらく悲しい出来事もきっと山のようにあったはずです。

さて、そんな西原さんがご自身のエッセイ漫画の中で語っていたもので、僕が強く印象に残っている名言があります。それは、

「人生はキャンディーの缶のようなもの」

というものです。

昭和生まれの世代の人にはなじみ深い「サクマ式ドロップス」という缶入りの飴がありま

す。今のようにお菓子の種類が豊富ではない、うん十年前の高度成長期の時代を過ごした子供たちにとって、このたくさんの飴が入った缶をもらうというのは、とてもうれしくて、まるで宝箱を持っているような感覚でした。

さて、その缶の中には、様々なフルーツの味のキャンディーが入っていて、子供に人気なのはやはりイチゴやオレンジなどでしたが、ほとんどの子供がハズレと認識していたであろう味がひとつだけありました。

それはハッカ味です。スースーしてあまり甘くなく、あまりおいしいと感じられないのです。

ですが、キャンディーは缶の中に入っており、缶の上部にはキャンディーがちょうど一個出るくらいの小さな穴が開いていて、缶を振って飴を出すまで何味の飴が出てくるかわからず、自分で食べたい味を選ぶことができないのです。おみくじのようなもので、イチゴ味が出れば大吉、ハッカ味が出れば大凶、という感じです。

で、あまり食べたくないハッカ味をまた缶に戻して、自分の食べたい味の飴ばかり食べていると、しまいに残っているのはハッカだけになってしまいます。

西原さんは、人生とは、まさにこのキャンディーの缶のようなものだと、僕がたまたま読んだ、あるエッセイ漫画に描いていました。

彼女は幼少期からずっと、つらく苦しい経験をたくさん積み重ねてきました。キャンディーの缶でいうなら若い頃はずっと、あまりおいしくないハッカ味ばかりを否応なしに食べ続けざるを得なかった、ということです。

でも、先にあまりおいしくない方の味のキャンディーばかり食べていたおかげで、だんだん年を重ねるごとに、イチゴ味やブドウ味など「おいしい方」のキャンディーがたくさん缶から出るようになった…という自分自身の半生をキャンディーの缶に例えたのです。

長い人生で、幸せも不幸せも、その総量は人それぞれにあらかじめ決まっていて、いいこともあれば悪いこともある、でもその総量も決まっているから、悪いことのみが永久に際限なく続くというものでもなく、これまでつらいこと悲しいことばかり経験してきたから、例え今つらくて悲しくても、いつかそれが逆転していいことばかり起こるようになる日が必ず来る、**そんな日が訪れることを信じて前向きに生きていこうよ！**　西原さんは、そんなことを伝えたかったと思うのです。

彼女は「引き寄せの法則」なるものを知っていたでしょうか。幸せとお金を得るために「引き寄せの法則」について書かれた本を何冊も読んで、そこに書かれていたことを懸命に実践しながら生きていたのでしょうか。多分それはないでしょう。ですが彼女は漫画家として大成功し、今は超大金持ちの伴侶と一緒にいるのです。

ではなぜ彼女は、そのような人生を送ることになったのでしょうか。彼女が描いた、このキャンディーの缶のエピソードにこそ、まさに**「引き寄せの法則」の最高のエッセンス**が隠されているのです。

彼女は、子供の頃からずっとつらい思いをたくさんしてきました。でもそれは、ハッカ味しか缶から出てこなかったからで、だからこの先はおいしいイチゴ味しか缶から出てこなくなる日が必ずくる、と心の底から信じて生きてきました。

この、どんな逆境の時でも、幸せな未来の自分を描けるイメージ力こそが、幸せな未来を引き寄せる大きなエネルギーなのです。

さらに彼女は、どんなつらい時であっても、**自分が楽しいと感じる方**へと歩き続けました。美大に進んだのも、学生時代にアルバイトでイラストを描いていたのも、とにかく絵を描くことが好きだったからです。

経済的に恵まれていない時でも、今自分がやっていることは、自分が好きなことなのだ、と胸を張って言えれば、そしてそれをやり続けていれば、人間の脳というのは、自分が心地よい方へと自然と意識を向けられるものなのです。

どんな時でも、方位磁針《じしん》が常に北を向くように、やがてやってくる、ナチュラルに気楽で明るく楽しい未来へと目を向け続けること、この意識のありようが、明るい未来と幸運と金運を引き寄せるのです。

さて、今あなたは、今の収入や経済状況に満足していますか？

していないるのであれば全然ＯＫです。ああ、今十分満ちていて幸せだな〜、と、その状況に自分を導いてくれた「自分神様」の存在に感謝してください。そして気持ちいいぬるま湯の温泉に入り浸るように、その満ち足りた幸福感にどっぷりとつかって、その幸福感を維持することに全力を費やしてください。

もし嫌なことや、あなたのその幸福感を邪魔するような出来事や人がやってきたとしても、あ、温泉に虫が入ってきたな〜、でもそんなの無視！　と軽〜く受け流してください。それができれば、間違いなくあなたにはさらに大きな幸運と金運がいつか必ず舞い込んできます。

え？　そう思えていませんか？　日々の小さな幸福感すら感じられず、常に不安を抱いていますか？　そんなあなたは今お金に困っている状況かもしれません。現状の収入に不満があり、そんな今の状況に怒りすら覚えているかもしれません。

でも大丈夫です！　そんなあなたにできる、幸運と金運を呼べる簡単なやり方があります。そんな時こそ西原理恵子さんが伝えてくれた**魔法の呪文**があるのです。

つらい時、苦しい時、悲しい時、不安な時…そんな時は、こう心の中で強く思うのです。

「私の持っているキャンディーの缶から、次に出てくるのはイチゴ味の飴！」

どうですか？　簡単ですよね？　こう心の中で唱えるだけでいいのです。

「引き寄せの法則」という概念を頭の中でいろいろこねくり回して難しく考えることはありません。法則というものは、真理であるほど実はシンプルな形で表せます。

かの天才科学者アインシュタインは、この宇宙におけるエネルギーと質量の有り様を $E = mc^2$ というたった4文字の公式で表しました。

法則というのは得てして、その真理に気づければ驚くほどにシンプルなものなのです。

つらい時、苦しい時、悲しい時には、西原さんを見習って「あ、今はハッカ味のキャンディーを舐めてる時なんだな」と思って受け流せばいいのです。

そして「今はハッカ味だから次に缶から出てくるのは、きっとおいしいイチゴ味だ！」と思っていればいいのです。

そしていつか缶からおいしいイチゴ味のキャンディーが出てくる日を、ワクワクしながら待っていればいいのです。

このイメージトレーニングは、人それぞれ、みなさんが一番イメージしやすいもので構いません。飴のイメージがピンと来なければ、例えば学校の給食なんかが、わりとイメージしやすいのではないでしょうか。

今の学校では考えられないことですが、昔の学校給食は、時に地獄でもありました。なぜなら好き嫌いはよくない、食べ物を残さず全部食べることが最高の美徳と信じて疑わない教師がたくさんいて、嫌いなメニューがあっても残さずに食べないと許してくれず、時には放課後まで居残りさせられて、食べきるまでは家に帰れないというひどい体罰も横行していました。

ちなみに僕も小学1年生の時、レバーの竜田揚げというのが臭くてどうしても食べることができず、放課後に、みんなが掃除をしている埃《ほこり》舞い散る教室で、ひとり冷や汗をかきながらレバーとにらめっこしていた、というトラウマが今でも残っています。

でも超絶うれしいメニューももちろんあります。僕の場合は、きな粉をまぶした揚げパンというのが最高のメニューで、僕だけでなくクラスの児童、いや学校中の全児童の好きなメニューアンケート第1位、大人になった今でも思い出して食べたいと思うことがあるくらいです。

ですから学校給食でイメージするとしたら、僕なら「レバーの次に来るのはきな粉揚げパン！」と心の中で唱えるでしょう。

あるいは、右肩上がりの折れ線グラフをイメージするのもいいでしょう。グラフの横軸は自分の年齢で、縦軸はその時の収入です。そして年を重ねるごとに、ゆるやかながらも、どんどん右肩上がりになっていく折れ線グラフを常にイメージするようにします。

こんな簡単なイメージトレーニングが、**引き寄せの法則のまさに基本のキ**なのです。

あなたのお金への本音チェック

さて、幸運や金運を呼ぶための意識の持ち方についての基本を押さえたところで、次のステップではさらに踏み込んで、お金というエネルギーとはいったいどういうものなのか？ということをより深く理解していきましょう。

この**お金という摩訶不思議なエネルギーの正体について深い理解を得ることが、幸運と金運を呼ぶことにつながります。**ちょっと長くて小難しい話になりますが、できるだけわかりやすく解説するので、頑張ってついてきてくださいね。

まず始めに、あなた自身は、お金というものを潜在意識の中でどのように捉えているのか、つまりお金に対するあなたの本音を知る必要があります。ということで、ここで簡単な心理テストをしてみましょう。

次の3つの質問に対し、目をつむって簡単なイメージをしてみてください。そしてできれば自分が抱いたイメージを、具体的に紙に書いてみるとよりわかりやすいでしょう。

Q1
あなたの前に川があって、そこにお金が流れています。
その川はどのくらいの大きさで、どのくらいの速さで流れているでしょうか。
そして川に流れているお金の量はどのくらいでしょうか？

Q2
あなたは漁師が魚を取るのに使う投網《とあみ》を持っています。

あなたが、その投網を川に広がるように投げ入れ、網を引きあげると、川に流れているお金を捕ることができました。

ではその投網は、どのくらいの面積で広がりましたか？

そしてお金をいくらくらい捕ることができましたか？

Q3 そのお金を捕った網を引きあげた時、重さはどう感じましたか？　どのくらいの力がいりましたか？

さあイメージできましたか？　それではこの３つの質問について順に解説していきましょう。

まずQ1でわかるのは、あなたは潜在意識の中で、**お金というものにどういう先入観を持っているか**ということです。本当にあなたが今現在お金持ちか否かということではなく、あくまで潜在意識の中で、お金についてあなたが抱く根本的な認識を知るための質問です。

まず、川が大きくて流れもゆったりで、しかもたくさんのお金が流れているとイメージできた人は、お金に対してもゆったりとした態度で、心にゆとりがあり、現状の収入にも納得がいっている人でしょう。

次に、川が大きくてお金もたくさん流れているけど、流れがものすごい激流だったという人は、お金は入ってくるけど、流れも速い、つまり出ていくのも早いものだという先入観を持っているのではないでしょうか。

あるいは、世の中にはお金がいっぱいあるのだろうけど、流れが速過ぎて自分の前を通り過ぎていくので自分とも離れたところにあるものだという意識かもしれません。

次に、川も小さい上に流れも早く、流れているお金の量も少ないってイメージした人は、自分にとってお金との縁はまったく結びつきにくいものだ、と潜在意識の中で思い込んでいる人です。

潜在意識の中にこういうイメージを持っている人は、残念ながら大金とは無縁の人生を過ごして一生お金に苦労する可能性が高いです。お金というエネルギーを身に着けるということを潜在意識の中で最初からあきらめているところがあります。

次に、川の流れはほとんどなく、それこそ沼のように流れもなくて、浮いているお金も少ないとイメージした人は、お金にものすごくルーズか、お金にあまり興味がない人です。潜在意識の中で、お金に興味がない、あるいはお金に無頓着だという人のところには、やはりお金というエネルギーは集まって来にくいでしょう。

次に、**Q2**の解説です。この質問に対する答えでわかるのは、あなたは潜在意識の中で、**自分はどのくらいお金を稼ぐ能力があると思っているか、**ということです。

投げた投網がブワーッとものすごい面積で広がって、網の中にもたくさんお金が入っているイメージを持てた人というのは、自分はお金を手に入れようと思えばいくらでも手に入れられると信じている人、あるいはいつか必ず手に入れられると思っている人で、こう答えられたなら、将来お金に苦労する人生を送ることはなく、例え今はそんなにお金持ちではなくても将来お金持ちになれる可能性も高いでしょう。

逆に、投げた網もあまり広がらない、あるいは網の中にそんなにお金が入っていなかったとイメージした人は、自分はお金を手に入れられない、自分はお金を稼げないという、お金に対して潜在意識の中で、自分で自分にブレーキをかけています。

意識の深淵部《しんえんぶ》にある、こういうブレーキを外して、自分はお金持ちになれるわけがないという意識を完全に捨てないと、自分はお金を稼げないというイメージが具現化して現実になってしまうため、お金持ちになれない可能性が高いでしょう。

次の**Q3**は、潜在意識の中で、**お金を手に入れるために自分はどのくらいの労力をかけな**

ければいけないと思っているか、がわかるテストです。

網の中にお金もいっぱい入ったけど、その網を引きあげるのにものすごく重く感じて大変だったというイメージをした人は、お金を稼ぐためにはいっぱい働いてものすごく頑張らないといけないと潜在意識の中で思っている人です。

ですので、まあ悪くないそこその収入もあるだろうけれど、そのお金を得るために、ものすごく働いて頑張らないといけないという「苦労」も伴ってくるでしょう。

次に、お金の量に関わらず、お金もそんなに入っていないのに、とにかく網自体が重くて、それで引きあげるのも大変だったというイメージの人も、やはりお金を稼ぐというのはものすごく大変で、自分にはお金を稼ぐ能力が不足していると思い込んでいる人なので、こういうイメージを持っている人もやはり、お金のエネルギーを呼び寄せて身に着けるのに苦労する可能性が高いでしょう。

言うまでもなく一番いいのは、網の中にお金がたくさん入っていて、その網も軽々と引きあげることができるというイメージを持てた人です。こういうイメージを潜在意識の中でしっかり持てている人は、将来お金持ちになれる可能性も高いです。

お金という摩訶不思議なエネルギーの正体とは⁉

さて、なぜこのような心理テストをしたかというと、前述したように、金運をつかめるかどうかは**みなさんが潜在意識の中で抱いている、お金に対する「思い込み」にかかっているから**です。

みなさんのお金に対する「意識」の持ち方が鍵なのです。お金とみなさんの意識には、ものすご〜く深い関係性があるのです。

なぜなら、お金というのは物を売買する時などに使う単なる道具ではなく、**人間の脳が生み出す「意識のエネルギー」が、この現世の「物質世界」で具現化したもの**だからです。

お金というのは、この現世の様々なありとあらゆる物質の中で、また人間が使うすべての道具の中でも、ちょっと変わった特性を持っています。

お金という、金属や紙でできた「物質世界」の物の中に、人の「意識」という「非物質世界」のエネルギーを内包し、ふたつの異質のエネルギーが同時に合わさって構成されている物なのです。

つまり、「物質世界」の宇宙と「非物質世界」の宇宙が同時に具現化している、とても変わった物質なのです。

お金というのは、物であると同時に、意識のエネルギーでもあるのです。

しかもこのお金というエネルギーは、お金に対して前向きでポジティブな意識を持っている人のところに集まりやすく、お金に後ろ向きでネガティブな意識を持っている人のところには集まりにくいという特性があるのです。

磁石がS極とN極では引き合い、同じ極同士では反発しあうのと同じようなものなのです。

そしてさらに、そもそもお金というものは、人間が作り出した発明品であり「概念」です。財布の中に現金という「概念が物質化した物」がたくさん入っていれば、ああ、お金をいっぱい持ってるなぁって思いますし、銀行の預金通帳にたくさん数字が並んでいても、ああ、お金をいっぱい持ってるなぁって思えます。通帳に並んでいる数字は単なる記号で「概念」でしかないのに、その数字の羅列が表すものを、僕らは「持っている」と思えますよね。

さらに現代のネット社会では暗号資産（仮想通貨）という、あくまでバーチャルの世界でのみ流通し「実体としての貨幣ではないお金」も存在します。

そして、第2章で詳しく述べたように、**人間が持つ意識というのは、それそのものに、実は目には見えないものすごいエネルギーを持っている**のです。

よく氣とかオーラと呼ばれるものがありますが、これも生物が持っている意識のエネルギーの一部です。武術の達人は氣のエネルギーだけで人をぶっ飛ばすことができるし、気功治療家の人はこの意識のエネルギーが体にどのように流れているかを目で見て病気を治療します。

そしてお金とは、このように目には見えないけれど莫大なパワーを秘めた、人間が持つ意識のエネルギーが籠められている「物質」でもあり「概念」でもあるのです。

そしてその意識の正体は、ひと言で表すなら「欲」という意識のエネルギーです。

お金というのは宇宙の視点で眺めてみると、**「人間が持つ〝欲〟のエネルギーが物質化して具現化し顕現したもの」**と言えるのです。

ですから金運を上げるためには、僕らが各々自分の脳内に抱いている様々な意識のエネルギーと、このお金という超個性的な物質が持つエネルギーを**うまくマッチングさせること**がとても大切なのです。

お金持ちになるために捨てること

ではその「お金」というエネルギーと自分の意識をマッチングさせるためには、どうすればいいのでしょうか。

まずやるべきことは、**お金に対するマイナスのイメージを頭の中から完全に捨て去ること**です。

例えばお金は薄汚いものだとか、自分はこんな能力しかないからこんな収入しかないんだとか、お金を稼いでいる人はずる賢いことをやってるから汚いお金をたくさん手に入れているのだ…というような、お金に対するマイナスのイメージや思い込みをすべて捨て去ることです。

繰り返しますが、**お金というのはエネルギーです。**ですから頭の中にお金に対するマイナスのイメージがあるということは、潜在意識の中でそのエネルギーを自分から遠ざけようという作用が働くことにつながります。そしてそれは、お金が入ってくるという状況に対して、そうならないように自分で自分にブレーキをかけているようなものです。

ですから自分が働いている会社は給料が安いから自分が得られるお金もこの程度だとか、旦那の稼ぎが悪いから我が家はこれからもずっと貧乏なままだとか、そういうブレーキになっている、**お金に対するマイナスの意識を完全に捨て去りましょう。**

またお金を稼いでいる人を妬んだりする感情も捨てましょう。これは日本人特有の悪しき国民性とも言えるのですが、お金を稼ぐ人にマイナスのイメージを持ち、妬んだり陰口を叩いたり、ネットの匿名のＳＮＳで誹謗中傷を書き込んだりする人はものすごく多いです。そしてそのような感情を持っている人を、お金は一番嫌い、逃げていきます。

ですからそんなことをする人たちは一生貧乏なんだな〜、と鼻で笑って同情してあげてください。間違ってもあなた自身がそのような感情を抱いてはいけません、お金に逃げられたくないならば。

そして何より大切なのは、自分にはお金がない、お金が足りないと悩まないことです。

現状でも、私はそこそこ十分幸せだな〜というポジティブな感情を抱けるかどうかが、あなたの未来の金運を左右します。

また、お金に対してポジティブな意識を持つことが大切ですが、頭の中は金、金、金、いつもどうやったら少しでもお金を手に入れられるかということばかり考えている人も、実は金運が離れていく人です。

なぜならお金が欲しいと常に思っているということは、**自分にはまだお金が足りない、必要なお金を手に入れられていない、と思うことの裏返し**だからです。頭の中で「マイナスのお金」を作り出している人なのです。

ですからお金にがめつい人からも、例え一時大金を得ることができたとしても、やがてお金のエネルギーは離れていくことでしょう。

人は人、自分は自分、それでいいのです。

今の自分は、これで幸せ。

例え今幸せを感じられなくても、いつかイチゴ味のキャンディーがきっと缶から出る！

「自分神様」さんいつも見守ってくれて、私を幸せに導いてくれてありがとう！　と心から信じること。

これが、あなたが持っている**「目に見えない人生の貯金箱」にお金が貯まり始める第一歩目の意識の持ち方**なのです。

ですがこの第一歩が、実は一番難しい意識変革だとも思います。

お金持ちの人や成功した人を妬んだりうらやんだりする人というのは、そういう思考が「習慣化」している人です。はるか遠くにある高い山を見てうらやむのではなく、まずは自分が今登っている山を、しっかり足元を確認しながら一歩一歩進んでいけばいいのです。

そして喉が渇いた時に飲む水筒の中には**「将来幸せになれる薬」が溶けている**と思ってください。いつか必ず美しい景色が360度広がる山頂にたどり着けることでしょう。

そしてそれから、またもっと高い、別の山の山頂を目指して登り始めましょう。

常に、いつか自分は幸せになれる、お金も入ってくる、と信じながら山を登っていれば、自分でも気づかないうちに足腰もどんどん鍛えられて、お金がたっぷり入った重い貯金箱も軽々と背負って山を登れるようになるのです。

そしてこの時ようやく、あなたが持っている「宇宙の貯金箱」も無自覚のうちにいつのまにか満タンになり、上に新しい貯金箱が積み上がります。

そしてやがて金運も上向いていき、次第に経済的にも恵まれた生活を送れるようになることでしょう。

ですが、どんなに経済的に恵まれたとしても**「地に足のついた生活」**を心がけることは忘れないようにしたいものです。

家計簿をつける時に大切な意識の持ち方

しっかり者の主婦の方など、家計簿を几帳面につけてお金の管理もしっかりしているのに、なかなかお金が貯まらないって人、案外いるのではないでしょうか。なぜお金の管理をしっかりしているはずなのに金運が上向かないのか？　これもやはり家計簿をつける時の意識のあり方に問題があるのです。

家計簿をつける時に、収入の方ではなく、支出の方、つまり出ていくお金と、毎月発生するマイナス、つまり「赤字」にばかりつい意識を向けていないでしょうか。

あるいは黒字が出ていたとしても、まだ足りない、もっとあればいいのに、本当はこのくらい黒字であって欲しいのに…と本当は「ない」はずの、**あなたが頭の中で作り上げた「マイナスのお金」**に意識を向けてばかりいないでしょうか。

家計簿をつけることは悪いことではありませんが、特に収支計算をする時は冷静なマインドを保つことが重要です。そして出ていくお金にばかりに意識を向けてはいけません。

家計簿をつける時は、支出ではなく収入の方に強く意識を向けるようにすることが大切です。

ですから収入の数字を支出の数字より大きく目立つ字で書くといいでしょう。間違っても「今月の赤字は3500円！」なんて、赤いボールペンででっかく書いたりしてはいけません。それより収入の数字を大きくて太い文字で書くといいでしょう。

最近は家計簿もスマホのアプリで簡単につけられるようになりました。いちいち手書きで数字を記入して計算機をたたかなくても、レシートの写真を撮れば瞬時に内容を読み取ってくれて、計算も全自動でしてくれてグラフ化までしてくれます。このような家計簿アプリは我が家でも使っていますが、便利なものには落とし穴があるというのも、またよくあることです。

こういう家計簿アプリは、得てして支出の方にばかりどうしても目が行ってしまう設計になっているものが多いです。ですから、家計簿アプリを使う時は、どんな時もまず収入の項目を先に見て、それから支出の項目をつけていくクセをつけるといいでしょう。

収入からいくら減っていくのか、という発想ではなく、収入がこれだけあるのだから、これくらい使えるしまだ大丈夫、と自分を安心させるという意識が大切です。

「これだけ使える」と「これしか使えない」は全然違います。そしてその次の金運を呼ぶのは、間違いなく前者の意識の持ち方です。

ただ、いくら収入の方に目を向けるのが大事とはいえ、支出に無頓着で無駄に浪費するというのは、それはそれでお金を大切にしていないということなので、もちろんよくないことです。浪費癖があるという自覚があるなら、それは絶対に直さないといけません。無駄使いをするというのは、お金にありがとうという感謝の意識が足りないということなので、お金はますます出ていくばかりになるでしょう。

で、浪費はもちろんよくないし、お金を大切に感謝の心で使うという意味では、お金を節約して使うことも大事だけど、でもケチになり過ぎるのもあまりよくありません。

ケチというのは、出ていくお金ばかりに意識が向いて、しかもそれを惜しむということだからです。出ていくお金を惜しむというのは、それもまたお金が出ていくということばかりに意識が向いていることです。

生活する上でお金の支出は仕方ないことですが、支出という、お金が出ていくことだけに意識を向けるのではなく、**その支出によって得られたものに目を向ける意識**が大切です。そして得られたものに感謝することが重要なのです。

お金を払ったおかげで私はこんなにいい物を手に入れることができた、あるいは、こんなに楽しい時間を過ごすことができた、お金さん、ありがとうございますと、得られた物と、それを得た幸福感に強く意識を向けましょう。例え買ったのが100円のお菓子でも、このお菓子のおかげで、私はそれをおいしく味わえて、こんなに幸せになれたって強く思うようにするのです。得られた物と時間にしっかりと幸せを感じ、その**幸福感に意識を強く向けましょう。**

本当のお金持ちの人が持っているお金のマインド

お金持ちは、実はケチな人が多いという話を聞いたことはありませんか。お金持ちの人というのは、心からお金を大切にしています。ですから、自分が納得いかないことにお金は絶対に使わないし、無駄な支出は徹底的に削ります。

その代わり、未来の自分自身や他人の幸せにつながるような物事にお金を使う時は絶対にケチりません。自分にとって大切な人には高価なプレゼントもするし、将来お金を呼び込むことになるかもしれない人たちとの交際にもお金を惜しまず、パーティーをやったりチャリティーを開催したりします。人脈を作ることが金脈につながることを、本当のお金持ちは経験で知っているのです。

お金持ちの人は、確かにみな倹約家です。ですが**「生きたお金」**の使い方ということを常に考えているのです。

ですから、生きていないお金の使い方にはものすごくケチになるし、例えば投資や寄付など、生きたお金の使い方について研究し勉強し、徹底的に考え抜きます。お金を大切にしているからこそ、ケチにもなるし自分が使うべきと思ったところには積極的に使うのです。鶏《にわとり》が先か卵が先かという話ではありませんが、いい意味でのケチだからこそお金持ちになれるし、使うところと締めるところを深く考察しているからこそお金持ちになれるのです。

ですから本当のお金持ちの人は、寄付もバンバンします。寄付をするということは、たくさんの人から感謝されるということです。

前述したように、お金は意識のエネルギーです。**人から感謝される、という最高で最強の意識のエネルギーが次の金運と幸運につながることも、本当のお金持ちの人たちは知ってい**

ます。だからこそ本当のお金持ちの人ほど、寄付をするのです。寄付は人のためではなく自分のためにするものなのです。

ですから、お金持ちではない一般庶民の僕らにとっても、寄付や募金をするというのはものすごくいいことなのです。**寄付や募金ができるというのは、潜在意識の中で自分には寄付や募金ができるくらい、お金に余裕があると思っていることだからです。**

そして寄付や募金をする時は、私もお金がないけれど、社会正義のために、そして私よりもっと恵まれない環境にいる人たちのために、なけなしの自分のお金の中から募金しよう…と思うよりは、自分は人に分けられるだけの十分なお金があるから、そのことに感謝して、お金さん、私のところに来てくれてありがとう、今度は他の人のところに行って喜ばれてくださいって、お金に感謝の気持ちを強く込めてから募金や寄付をする、こんな余裕を持った意識でするといいでしょう。

お金はエネルギーですから、感謝のエネルギーを込めて送り出してあげると、やがてもっと大きな感謝のエネルギーを伴って、必ず自分のところに帰ってくるのです。

金運を上げ、目に見えない自分の貯金箱を高く積み上げるのに一番大切なのは、**心の底か**

らお金に感謝して大切にすることなのです。

感謝のエネルギーをお金に込めて、いつもお金に感謝と愛情の気持ちを持っていると、お金はそういう意識を持っている人のところに戻ってこようとするのです。ですから寄付をするというのは、とてもいいことなのです。

何度も繰り返しますが、お金というのはエネルギーですから、それを持つ人の意識のエネルギーというのも、お金に必ず伝わるのです。

犬は自分に愛情を持ってくれていて、大好きな飼い主のところに必ず戻ってきますよね。お金も同じなのです。お金はエネルギーなのだということをしっかりと頭に叩き込んで、自分のところに来てくれたお金に愛情と感謝のエネルギーを込めましょう。

そして出ていくお金には、**ありがとう、また帰ってきてねという気持ち**を込めて、たっぷりの愛で送り出してあげましょう。

金運を呼ぶ財布の作り方

それではここで僕が金運を上げるために実践していることを具体的にご紹介しましょう。

僕は買い物などでお金を払う時は必ず、財布から出したお金またはクレジットカードを口元に持っていって**「お金さん、僕のところに来てくれてありがとう。また友達をたくさん連れて戻ってきてね」**と超小声&早口でささやいてから店員さんに渡すようにしています。でもあからさまにお金に向かってブツブツつぶやいてると変な人と思われるので、人差し指で鼻をこするフリをして、それ以外の指で包むようにつかんでいるお金に向かって、そうこっそりとささやくのです。

さらにお釣りをもらった後や、銀行からお金を引き出したりして財布に入れる時は、必ず、「お金さん、僕のところに戻ってきてくれてありがとう」と感謝の気持ちをささやいてから財布に入れるようにしています。自分の財布に出入りするお金に感謝の念を込めるのです。

するといろんなところを回って「欲」のエネルギーで汚れにまみれたお金が「感謝」のエ

ネルギーで浄化されるのです。

次に紹介するのは、**金運が上がる財布の作り方**です。

まず財布ですが、折りたたむタイプではなく、お札がスッキリと入る長財布を使うようにします。長財布の方が財布を丁寧に扱うようになるからです。男性でたまに、折りたたみの財布をズボンのポケットに入れている人がいますが、それでは金運はなかなか上がらないでしょう。

財布を丁寧に扱うということは、お金を大切に扱うという意識につながるのです。また財布の中にレシートやクーポン券などをため込むのもやめるようにしましょう。財布の中はとにかくスッキリ、整理整頓が大切です。

また、財布はできれば年に1回のペースで新しい物に変えるのがベストなのですが、せめてボロボロになるまで使いまわすのはやめましょう。傷んできたらスパッと変えてください。ですから財布は高価なブランド物である必要はありません。金運とブランドのロゴに関係はまったくありません。

また財布の色は白がおすすめです。白いと汚れや傷が目立つと思うかもしれませんが、だからこそ大切に丁寧に扱うようになるし、ひどく汚れたり傷がついたりしたら、取り換えようという気持ちにもなりやすいです。

とにかく、お金のための「お部屋」をきれいにするとお金も喜ぶのです。お金を、自分のかわいいペットだと思い、そのペットが居心地いいと感じるためにはどうすればいいかと考えるのと同じです。


次に、すでに金運を持っている人から、**金運のおすそ分け**をしてもらいましょう。

自分よりお金持ちの人、それもなるべく自分の収入とかけ離れたくらいの高収入の人がよりベターなのですが、その人が持っているお金と、自分が持っているお金を交換してもらいます。そしてそのお金を、うっかり使わないようにお年玉を入れるポチ袋などに入れて、財布のお札入れのところにしまっておくのです。

これをやると、金運を持つ人のところに来たお金が、自分の仲間を呼ぼうとしてくれるので、金運が上がります。

ちなみに僕は、友人の超有名な漫画家にお願いして１１５００円（いいごえん）を交換してもらい、またそのお金を入れる紙袋は金運を上げる黄色を塗って財布にしまってあります。

さらに、お金には磁力のようなエネルギーがあるので、**財布の中には磁石が入っているというイメージを持ちましょう。**

お金に感謝の意識が加わると、お金はうれしくなって持っている磁力を発揮して、そこにまた次のお金が集まってくるのです。

ただ、お金が持っている磁力というのは**ものすごく弱いもの**なのです。ですからお金に対してマイナスのイメージを持っていると、すぐに離れて逃げていくのです。

ですから、お金はあって当然という意識を常にキープして、そこにさらにお金に対して感謝の意識と、「大好きです、大切にします」という愛情が加わると、だんだんお金も集まるようになってきて、お金が集まるにつれてその磁力も強力になっていくので、ますます次のお金を呼ぶという好循環が生まれます。

お金は「お金がある」と思う人のところにやってくるし「お金がない」と思う人からはどんどん逃げていくのです。

ですから、お金持ちのところには、さらにたくさんのお金が集まるし、貧乏な人のところにはいつまで経っても全然お金は集まってこないのです。

お金は「さみしがりや」です。

ですから群れたがるのです。お金に対する意識をよりポジティブに、感謝と大切にしようという気持ちを持って、お金が集まってくる人になりましょう。

お金に余裕がある人になれるかどうかは、お金の持つエネルギーに対するあなた自身の意識のアプローチの仕方で決まるのですから。

「自分神様」とつながるポイント！

- □一生で手に入れられるお金の総量はある程度決まっている
- □「宇宙貯金箱」は上積みできる！
- □「宇宙貯金箱」の特性をうまく使おう！
- □「次に缶から出てくるのはイチゴ味の飴！」
- □お金という「エネルギー」を好きになり好かれよう！
- □お金に心からの感謝を！

第5章

瞑想で「自分神様」ともっとつながろう！

「自分神様」とつながる近道は瞑想

近年、瞑想の効能が世界的に再評価されています。しかも、瞑想が生まれた東洋より欧米諸国で、今ちょっとした瞑想ブームが起きています。

グーグル社やアップル社など、アメリカを代表する超一流ＩＴ企業が、マインドフルネス瞑想法を社内研修などに導入するようになったというニュースも話題となりました。特にグーグル社の社内には瞑想をする専用スペースまで設けられているとのことです。

さらに瞑想の医学的な効能の研究も、日本よりアメリカの方が進んでいるようなのです。米国国民健康調査（National Health Interview Survey：NHIS）の２０１７年の報告によると、日常生活に瞑想を取り入れたアメリカ成人は２０１２年から２０１７年の5年間で4・1パーセントから14・2パーセントへと3倍も増えたそうです。今現在（２０２３年）はもっと増えていると思います。

また瞑想と体の関係性の研究もたくさん行われていて、瞑想が脳や身体を物理的に変化させ、多くの健康上の問題を改善することがわかったという研究もあるそうです。

２０１２年に行われた研究では、瞑想を行った人50名と瞑想を行わなかった人50名で脳画像の比較が行われ、瞑想を長年行っている人は脳の外層のしわが多いことがわかりました。この「皮質フォールディング」と呼ばれるプロセスは、脳の情報処理能力を増進させる可能性があるそうです。

また２０１３年に行われたテストでは、瞑想が老化によって脳に起こる変化を遅らせたり、止めたり、逆に若返らせたりする可能性を示唆しているそうです。

さらに高血圧、特定の精神疾患、疼痛《とうつう》など病気による様々な症状に対する瞑想の有効性を調べるための研究も行われていて、数々の研究により、瞑想がこれらの疾患にどのような作用や影響を及ぼすかも明らかになりつつあります。

血圧の降下、過敏性腸症候群（ＩＢＳ）の症状の緩和、不安感や抑うつ感や不眠の改善、急性呼吸器疾患（インフルエンザなど）の発症が抑制されたり、症状の持続期間が短くなったり、重症化へ移行しにくくなるといった様々な改善が、瞑想によってもたらされることがわかっています。

特に「心の病気」とされる不安症、うつ、不眠症には瞑想の有効性が高いという研究結果もあります。2014年に参加者3515名を募って行われた試験では、マインドフルネス瞑想が不安感、抑うつ感を改善させる効果が認められたそうです。

また不眠症対策に特化したマインドフルネス瞑想のプログラムが、不眠の改善に有効であるという研究結果も出たそうです。

(※参照　厚生労働省『「統合医療」に係る情報発信等推進事業』のHPより)

瞑想という、東洋思想や仏教系宗教における修行の一環と考えられていた行為が、医学的にも様々な好影響を人体、そして脳にもたらすことがわかったのです。

そして僕が「自分神様」と会話できるようになったのも、これまたアメリカにあるモンロー研究所で30年以上前に開発された「ヘミシンク」®という瞑想補助CDを聞きながら瞑想を続けたおかげです。

瞑想の科学的な研究はまだ始まったばかりですが、もしかしたら瞑想のような脳のトレーニングが、僕のような「不思議な能力」を開発する効果があるということも、科学的に証明される日が来るかもしれません。

体にも、そしてなにより脳に好影響を及ぼすこの瞑想に、ぜひみなさんもチャレンジしていただきたいと思うのです。

なぜなら、「自分神様」から贈られてくるアイデアやインスピレーションをより確実に、より多く受け取るための訓練として、瞑想が最適だからです。

その詳しい理由は後述します。

瞑想を科学する

では瞑想をすると脳はどのような状態になっていくのか、僕の経験もふまえて脳科学的に考察していきます。

さて人間の脳波は、ざっくり分類すると次のようになります。

β波（ベータ波）：通常の覚醒している状態

γ波（ガンマ波）：イライラしている状態

α波（アルファ波）：リラックスした状態
θ波（シータ波）：浅い睡眠でまどろみの状態
δ波（デルタ波）：深い睡眠の状態

朝起きた後、顔を洗って出勤して仕事をしたり、家事や育児をしている時はβ《ベータ》波の状態です。不快なことがあったり、忙しくてイライラした時はγ《ガンマ》波になります。この時はドーパミンやノルアドレナリンといった、脳の強い覚醒と興奮、筋肉の緊張を促す脳内ホルモンが大量に分泌されている状態です。

こういう時は左脳が猛烈に回転して右脳の活動は抑えられている状態ですから、「自分神様」とのコンタクトも一番取りにくい状態とも言えます。

お昼休みにお弁当や夕飯を食べた後でホッと一息、あるいはのんびり読書をしたりソファに座ってくつろいでいる時はα《アルファ》波の状態です。この時の左脳と右脳の活動の割合は半々くらいのイメージです。

そして就寝時間になってベッドに横になっているうちに、段々とまどろんできます。この時はθ《シータ》波の状態です。左脳の回転がゆっくりになっていき意識がうつろなものになり、ウトウトしているうちに入眠し、やがて深いδ《デルタ》波の深い眠りの状態へと移行します。

そして、ここからがポイントです。

瞑想というのは、α《アルファ》波とθ《シータ》波の中間でややθ《シータ》波寄りのあたり、ものすごく深いリラックスだけど、ウトウト眠るθ《シータ》波からδ《デルタ》波の深い睡眠へと移行する直前の、θ《シータ》波が小刻みに出ている、そのギリギリの辺りの状態に脳を意識的に持っていき、**なおかつその状態をできるだけ長く保てるようにする、**という訓練なのです。


脳が起きているか寝入ってしまうかという綱引き状態、そのどちらにも引っ張られない中間地点の位置をキープし続ける、これが瞑想状態と呼ばれるものです。

ちょっとでもバランスを崩すと、覚醒か睡眠かのどちらかの谷間に落ちてしまう綱渡りをし続ける、そのバランスをうまく維持し続ける訓練が瞑想なのです。実際に瞑想をしている人の脳波を調べるとθ《シータ》波が検出されるそうです。

ですが、これを習得するのは結構大変です。瞑想初心者は、起きているか寝ているかの中間状態をキープすることができず、すぐに寝てしまうか、「起きていながら眠っている」という状態になるまでの退屈さに、左脳がイライラしてきて、おしゃべりを秒で再開しようとしてしまうからです。

「雑念」がわいてしまい、θ《シータ》波に入るのを左脳の思考が邪魔するのです。

座禅をしている人の肩を後ろで歩きながら監視しているお坊さんが、警策《きょうさく》と呼ばれる棒でパシッと叩きますよね。なぜこんなことをするかというと、瞑想していると眠くなってついウトウトしてしまいます。θ《シータ》波からδ《デルタ》波の深い睡眠の谷底へと落ちてしまいます。

それを防いで、座禅をしている人の脳を一回リセットするために警策で叩いて刺激を与え、脳を目覚めさせるためです。そしてまたα《アルファ》波からθ《シータ》波へと移行し、そのままの状態をキープする訓練を再開するのです。

瞑想で「自分神様」につながれる理由とは!?

さて、僕らが起きて活動し、いろいろと思考を巡らせている時というのは、β《ベータ》波が出ている時です。これは第3章で述べたように「自分神様」とつながりにくい状態の時です。さらにイライラしてγ《ガンマ》波が出ている時は左脳がフル回転しているので、ますます「自分神様」とコンタクトしにくくなります。

前述したように、左脳と右脳の動きはシーソーのようなもので、片方が上がればもう片方が下がります。そして繰り返しますが「自分神様」からのアイデアやメッセージは右脳の感覚的な情報を司る部分でキャッチします。

逆にいえば、**「自分神様」からのアイデアやメッセージをうまく受け取るために右脳優位の状態になるには、左脳の動きをできるだけ抑えてあげればよい**ということになります。「考える」という脳内作業を捨て去り、思考をできるだけストップすることで左脳の回転速度を可能な限り抑えることです。

そしてそれをやる訓練こそ、まさしく瞑想なのです。

僕が「自分神様」と交信できるようになったのも「ヘミシンク」®の瞑想補助CDという文明の利器のおかげです。仏師やヨガの修行僧たちが何年もかけてようやく手が届く領域に最短距離で効率よく到達し、脳が「自分神様」と交流できる状態になるコツをつかめたからなのです。

ただ、ヘミシンクを使って瞑想をやれば誰でもあっという間に「自分神様」と会話できるようになる、というものでは残念ながらありません。ヘミシンクはヘリコプターのように、僕らの脳を「雑念」という雑草が生い茂る平地から、深い瞑想状態という高い山の山頂へと一気に連れて行ってくれるものではありません。

瞑想は山登りのトレーニングのようなものですから、山に登るのはあくまで自分の足によってです。険しい坂道を一歩一歩踏みしめて山を登るように、地道な脳の訓練を積み重ねなければならないことに変わりはありません。ヘミシンクCDはあくまで補助ツールであり、登山を少し楽にしてくれるピッケルやザイルのようなものです。

また、ヘミシンクを使わなくとも、瞑想が上達すればするほど右脳の直観力や感覚的な情報処理能力を高めることになるので、「自分神様」から常に送られているアイデアや助言を受け止めやすくなることは間違いありません。

そしてそれは**「ひらめき」という形で受け取ります。**

「我ながらナイスアイデア！」とひとりごちたくなるようなことが増えていくのです。

そして瞑想を続けていくうちに「雑念」という、左脳の思考が生み出す無駄な脳内の〝ひとりしゃべり〟もコントロールできるようになるので、集中力もアップして仕事や家事の能率が上がります。さらに「あ、こうやった方が簡単にうまくできるじゃん」という〝気づき〟も増えていくので、日常生活の質も向上していきます。グーグル社やアップル社のような世界的ＩＴ企業が瞑想を導入しているのも社員の仕事の能率向上が狙いです。

そして日常生活の中での小さな能率向上の積み重ねが、イライラも減少させて「自分神様」からのアイデアも受け取りやすくなるため、めぐり巡って運気が上がり、幸運や金運の種の芽も出やすくなっていくのです。

このようにやればいいことだらけの瞑想ですので、ぜひみなさんも生活習慣の中に瞑想をする時間を取り入れることをおすすめします。

でもいきなり瞑想しろと言われても、どうやればいいのかわからないという方もたくさんいらっしゃると思うので、そのやり方をいくつか簡単に紹介しましょう。

とみなが夢駆おすすめの瞑想法

初級編

●超簡単！　寝瞑想

これは超簡単です。目をつむって横になるだけです。

ただ、普通に寝るのではなく耳に聞こえてくる音、つまり聴覚に全神経を集中させてください。

人間、静かに横になって寝ていると、いろんな音が聞こえるようになるものです。自分の呼吸音、つばを飲み込む音、体を動かした時に出る衣類や布団の衣擦《きぬず》れの音、エアコンの音、外から聞こえてくる人の声や車が通る音…。

そしてなるべく考え事、雑念という無駄な脳のおしゃべりをしないようにしてひたすら音に全集中してください。

特に「吸います、吐きます、吸います、吸います…」と自分の呼吸音に全集中するのが一番雑念を払いやすいと思います。**「全集中！　普通の呼吸！」**です。

雑念がわいても気にしないでください。わいたらそこに「雑念」と書いた付箋を貼るラベリングをして、また意識を呼吸に向けなおす、その作業をひたすら繰り返します。

この寝瞑想は、毎晩眠る時にもやると、寝つきがものすごくよくなります。昼寝の時も短い時間で深いリラックス効果が得られます。

ただ、昼間の変な時間にがっつり寝てしまうと、かえって睡眠のリズムを崩して夜の睡眠の質が下がってしまうので、時間の目安は15〜20分、アラームもセットしておきましょう。寝瞑想を終えたらすぐ活動したい時は、あらかじめコーヒーなどカフェインを摂っておいてからやるとシャキッと起きられます。

●炎を見つめる瞑想法

これは古くから仏師や修行僧が行ってきた瞑想法です。

やり方は簡単で、座って、ただひたすらロウソクに灯る炎のゆらぎをジーっと見つめ続ける、というものです。ですが、いちいちロウソクと燭台を用意して火をつけるという作業も面倒くさいですし、うっかりロウソクを倒してしまったら火事になる危険性もあります。

そこでおすすめなのが現代版・炎を見つめる瞑想です。

これは『YouTube』にアップされている焚き火の動画をパソコンやスマホで眺め続けるというやり方です。『YouTube』で「焚き火」と検索すれば、BGMや広告など、瞑想の邪魔になる映像情報が一切入っていない、瞑想に使うのにおあつらえ向きの、延々と焚き火の炎とパチパチと木が燃える音だけが長時間収録された動画がたくさんアップされています。

可能ならパソコンをテレビにつないで大画面で観ると、炎の揺らぎがより細部まで見られるので瞑想効果も上がるし、ちょっとしたキャンプ気分も味わえるので、瞑想も一層楽しくなりますよ。

この焚き火動画を、寝る前にスマホで見るというのも寝つきがよくなっておすすめです。10分も見ているとすぐに眠くなっていきます。ただ液晶画面が明るいとブルーライトの覚醒作用で目が冴えてしまうので、極限まで画面の明度を暗くする設定に変更してから見るようにしてください。

ところで、なぜ炎を見つめると瞑想効果があるかというと、不規則な炎の動きをジッと目で追っているうちに左脳の回転がゆっくりになり、次第に頭がボーッとリラックスしてきて雑念がわかなくなっていくからです。

火の動きを見つめながら、自分の「吸います、吐きます、吸います…」という呼吸にも意識を向けると、瞑想効果はさらにアップします。**「全集中！　火の呼吸！」**です。

ちなみに僕はやったことがないのですが、サーフィンにも同じような瞑想効果があるようです。うまくサーフするために波の動きに意識を全集中しなければならないからだそうです。「雑念がわくと波に乗れずアッという間にサーフボードから落ちてしまう」と瞑想とサーフィンが趣味の友人から聞きました。**「全集中！　水の呼吸！」**ですね。

●クリスタル・ボウルを使った瞑想

クリスタル・ボウルについては第2章で説明しました。クリスタル・ボウルは金属でできたシンギング・ボウルより簡単に音を出せるので、まったく練習する必要がなく、手にしたその日から演奏可能です。

価格もひと昔前に比べるとかなりお求めやすいものになっています。僕も何回か演奏を聞きましたが、とにかく音色が心地よくて、すぐに深い瞑想状態に入れます。

ただ、結構音が大きく音質も反響しやすいので、都会のマンション暮らしの人にはちょっとご近所迷惑になるかもしれません。ですから晴れた日に広い公園にでも持って行って演奏すると、とても心地よいでしょう。今流行りのソロ・キャンプにでも持っていったら最高の癒しを得られること間違いなしです！

ちなみに、なぜクリスタル・ボウルの音を聞いていると深い瞑想状態に入れるかというと、クリスタル・ボウルが出す「バイノーラル・ビート」という特殊音響の効果によるものです。「1／fゆらぎ」という言葉を聞いたことはあるでしょうか。心地よいそよ風や、穏やかな波の音など、自然が生み出す不規則で連続的なリズムによる五感への刺激です。

人間の脳というのは、穏やかで不規則なリズムの刺激を受け続けているとリラックスします。リズムの不規則性に脳がついていけず混乱するからです。

混乱するうちに情報を分析・解析することを脳が無意識のうちにあきらめてやめてしまいます。すると左脳の回転も徐々に遅くなっていき、そしてリラックスできるのです。

そして、クリスタル・ボウルが出す「バイノーラル・ビート」という音の信号は、この自然な不規則性が複雑に絡み合って織りなす音です。

左右の耳から、心地よい不規則な音の信号を捉えているうちに脳が混乱し、そのうち情報解析を脳があきらめてしまいます。そして穏やかなリラックス状態になり、やがて深い瞑想状態へとゆるやかに入っていけるのです。

ですから、自分で演奏するより、他の人の演奏を横になって聴いている方がよりリラックスして瞑想状態にも入りやすいです。ご家族や友人、恋人同士などで演奏し合って、楽しいリラックスタイムを過ごしてはいかがでしょうか。

またクリスタル・ボウルを自宅で購入して演奏するのが難しい、という方は、『YouTube』などの動画投稿サイトに、クリスタル・ボウルの演奏を高音質で録音した動画もたくさん上がっていますので、聴いてみてはいかがでしょうか。なお聴く時はヘッドフォンで聴くことをおすすめします。

中級編

● マインドフルネス瞑想（ヴィパッサナー瞑想）

まずリラックスした姿勢で座り、目を閉じてフーッと軽い深呼吸を何回か繰り返します。そしてそのまま意識を自分の呼吸に向けて「吸います、吐きます、吸います…」と頭の中で唱え続けながら、ひたすら自分の呼吸に意識を集中し続けます。

途中で絶対に雑念がわきますが、あまり気にせず「雑念」と書いた付箋を頭の中で貼るラベリングをし、また意識を呼吸に向けなおす、この一連の行動を繰り返してください。

これがヴィパッサナー瞑想の基本のキです。このヴィパッサナー瞑想はブッダが行った瞑想と言われていて、現在ではスリランカを中心にタイやミャンマーなどで信仰されているテーラワーダ仏教に伝わる瞑想法です。

米マサチューセッツ大学医学部教授のジョン・カバット・ジン博士が、このヴィパッサナー瞑想のエッセンスを抽出して、宗教と関係なく一般の人にも取り組みやすいスタイルにアレンジして欧米に広めたのがマインドフルネス瞑想です。

ヴィパッサナー瞑想やマインドフルネス瞑想の詳しいやり方を紹介した本やサイトもたくさんありますので、さらに詳しいやり方はそちらをググってご参照ください。

●「ヘミシンク」を使った瞑想

これまでいろんな瞑想法や、ヘミシンクとは違う特殊音響の入った様々な瞑想補助ＣＤを聞きながらの瞑想を試してきましたが、やはりヘミシンクほど効率よく、そして自然に心地よく深い瞑想状態に導いてくれる補助ツールには出会えていません。

ヘミシンクCDシリーズは山のようにたくさんの種類があるので、どれを選べばよいか迷いますが、やはり一番のおすすめは『ゲートウェイ』シリーズです（全7巻セットCD21枚組なので、まとめて買うとちょっとお値段張りますが、各巻バラでも売ってます）。

ヘミシンクという特殊音響と一緒にきれいな男性の声のナレーションも入っているので、この声の誘導に従ってゆったりと聞いていればOKです。聞く時は、このナレーションの声が聞こえるか聞こえないかくらいのギリギリまで音量を下げるのがコツです。また難聴の方でも、イヤホンやヘッドフォンから骨伝導でヘミシンク音は脳に届きます。

日本にヘミシンクを普及させた坂本政道氏監修のガイド本なども出てますので、こちらを読みながらやると理解と上達も早いのではないでしょうか（CDに入っている日本語のナレーションはちょっと言葉足らずで不親切なのです）。

このヘミシンクの音源も、クリスタル・ボウルと同じく、バイノーラル・ビートの技術が応用されています。左右のヘッドフォンから、微妙に周波数の違う信号音が流れることで、脳を瞑想状態へと自然に導いてくれるというシステムです。

『YouTube』などの動画投稿サイトに、この特殊音響（バイノーラル・ビート）が録音されていると謳《うた》う動画がたくさんアップされていますが、こうしたサイトにアップされている動画は配信動画の容量を軽くするためにバイノーラル・ビートの音源が圧縮されている可能性があります。ですがバイノーラル・ビートは圧縮すると音の周波数が歪んで十分な効果が得られなくなる場合があるそうなので、少々お金はかかりますが、ヘミシンクの正規輸入販売代理店からCDを購入することをおすすめします。

上級編

●滝行

すいません、これは僕もまだやったことないです。わざわざ滝行ができる滝まで行かないといけないし、冬は死ぬほど寒いだろうし、と、やるハードルがあまりに高過ぎるので上級にしました（笑）。

ただ滝行が趣味の人から経験談を聞くと、ものすごく頭がシャッキリするし、SNSにアップすれば「いいね」もたくさんつくと思いますので（笑）、興味のある方はやられてみてはいかがでしょうか。

●瞬間定《しゅんかんじょう》（カニカ・サマーディ）

これはヴィパッサナー瞑想の超応用編です。僕ですらなかなかうまくできないことの方が多いですが、**うまくいくとものすごく深い瞑想状態に入れます。**僕が実際に実践した様々な瞑想法の中で、個人的には究極の瞑想法だと思います。

余談ですが、この瞑想法のやり方を教えてくれたのは、自称ブッダを名乗る、宇宙のどこかにいるっぽい存在の方です。

ある日のこと、ヘミシンクを聞いて瞑想している時、「そうだ、ブッダに会ってみよう！」と思い立ち、深い瞑想状態に入ったところで、

「ブッダさ〜ん！　お話してくださ〜い！」

と頭の中で呼びかけたら、

「は〜い！　はじめまして〜！　わたしがブッダだよ〜！」

と、とても気さくで明るく軽いノリで現れた存在がいまして（信憑性のカケラも真実味の重さもなくてすみませんが、僕がその時感じたそのままがこれです）、「こ〜やってね、頭の中で数字を数えていってごらん」という感じで、瞑想法のやり方を詳しく教えてくれたのです。

で、この時のことを僕のブログに書いたところ、名前も知らないある読者の方が「これ、瞬間定っていうんですよ」とコメントを書き込んでくれて、この瞑想法の呼び名を知ったのでした。

この瞑想法のやり方は3ステップです。

まず最初はヴィパッサナー瞑想と同じように、「吸います、吐きます、吸います…」と、ひたすら自分の呼吸に意識を向け続けます。

次に、ある程度深い瞑想状態に入り、雑念がわかなくなったら、その意識を、呼吸から全身の五感すべてに分散していきます。

目を閉じていると広がっている暗闇の視覚、かすかな音が耳に入ってくる聴覚、かすかな匂いを鼻に感じる嗅覚、服の布を肌に感じる触覚…五感で受け取る全情報を一度に感じるようにします。

この段階まで来ると、本当の「意識の集中」とは、実は「意識の分散」であるということに気づきます。

最後のステップでは、全身の感覚に意識を分散させて完全に雑念も払しょくする段階に入ったら「10、9、8、7、6…」と10から1までゆっくりカウントダウンしながら、その過ぎゅく時間に意識を向けます。そして「8、7、6、5…」「6、5、4…」「4、3、2、…」「3、2、1…」と10から1まで数えていた時間の間隔を段々と短くしていきます。そして最後は「1…1…1…1……」と自分の中を流れていく時間の、その瞬間だけに意識を向け続けます。

時間が流れるその刹那、「いま、ここ」の、その瞬間に意識を一点集中させるのです。

この状態まで到達すると、物事がすべてスローモーションで感じられるくらいの強烈な知覚の鋭敏化と集中があります。

自我の意識は完全になくなり、自分には肉体があるという感覚すらもなくなります。私は私であって私ではなく、この全宇宙とひとつであり、私が宇宙であり宇宙が私である、という、なんとも言葉では説明しにくい不思議な感覚になります。

日常な悩みなど（その瞬間だけは）完全に消え去り、「いま、ここに在る」という感覚のみになります。喜怒哀楽という感情が一切なくなって、愉悦すらも超えた純粋な快感のみの存在になります。

そして「私は私であっていいのだ」という100パーセントの自己肯定感が得られます。

頑張って言葉で伝わるよう表現してみましたが、言語すら超越した不思議な感覚なので、あとはみなさんも頑張って体験できるようになってください、としか言いようがありません。

かく言う僕も、この状態にまで到達できたのは数えるほど、継続時間もおそらく数分くらいしかありません。

*

さて、ヨガの高僧レベルになると、僕がこの瞬間定で深く瞑想状態に入った時に味わった、自我を超越して宇宙と一体になったような不思議な感覚に包まれる状態を何時間、いや何日も維持できるそうです。そこまでいくと、体温や呼吸や心拍数までも生きていられるギリギリまで下がって、食欲はおろか尿意や便意すらなくなるくらいまで身体機能も半停止状態、いわば仮死状態に近くなるのだと思います。

『マツコの知らない世界』というテレビ番組で、相川圭子さんという、インド政府もヒマラヤ大聖者として公認するすごい日本人女性が紹介されてました。「公開サマディ」という儀式で、土に埋められた、人がやっとひとり入れるくらいの大きさの箱の中に入り、フタをされてその上からさらに土をかぶせられて、その中で丸3日間過ごすというのを何回もやってのけた超人です。その時の映像も紹介されていたのですが、何万人という群衆に見守られ、

3日後に箱から出てきた時はもうすさまじい大歓声の嵐。すげーなー！　ってテレビを観ながら僕も叫んでしまいました…。

すんません、フツーに会社で毎日仕事してる僕なんかじゃ絶対ムリっす！　全然修行足りてないっす！　瞑想について偉そうに語ってしまって申し訳ございませんでした！

自分に最適な瞑想をやる時間帯を探す

ということで、そりゃ時間もお金もあるヒマ人なら聖者になれるくらい延々と瞑想に耽《ふけ》れますけどね（↑羨望を超えた逆ギレのやっかみ）、僕らパンピーは日々の仕事や家事育児に忙殺され、なかなか瞑想する時間も取れないよ～、と思っちゃいますよね。

でもですね。人間って、つい「できない理由」を探しがち。瞑想に耽る時間というのも、作ろうと思えば案外作ることができるものですよ。

今日は仕事が忙しくて疲れたから、歯を磨く時間を惜しんで睡眠に当てよう…とはなりませんよね？　夕飯を食べた後、ついダラダラとスマホで『YouTube』観たりしてませんか？　そのヒマを潰す時間を15分だけ、瞑想に割いてみませんか？

頑張って1か月くらい毎日続けたら、仕事中など、ここぞという時に集中力が増している自分に気づくはずです。でなければグーグルやアップルといった世界的な超一流企業が社員に瞑想なんか勧めないわけで。

とはいえ、全人類に平等に与えられているのは1日24時間という時間のみ。時間が貴重なものであることも事実です。その貴重な時間をせっかく瞑想に当てるなら、なるべく効率のよいものにしたいですよね。

僕の経験ですが、ヘミシンクにはまっていた頃に、いろんな時間帯で瞑想を試してみたところ、1日の生活サイクルの中で明らかに深い瞑想状態に入れるタイミングと、そうでないタイミングがあるということがわかりました。

僕の場合、一番深い瞑想状態に入れると実感したのは、平日に会社の仕事を終えて帰宅して、すぐにシャワーを浴び、ふとリラックスした直後のタイミングで瞑想をやる時でした。

会社で仕事をするという、左脳を働かせて緊張している状態から、シャワーを浴びてホッと一息ついてリラックス、このタイミングです。

つまり程よい**緊張の後の弛緩《しかん》、**このちょっと緊張がほどけた時というのがベストのタイミングでした。左脳が仕事モードフル回転していて、ドーパミンやノルアドレナリンが出まくっていた状態から、シャワーを浴びて頭の中をリセットしてホッとリラックス、脳内ホルモンもセロトニンの分泌に切り替わった時です。

瞑想に限らず、ジョギングやダイエットをやった経験のある方ならおわかりいただけると思いますが、何事もいろいろ試行錯誤して自分のペースを自分で見つけて、自分に合ったたいペースというのがわかると、スムースに楽しく取り組めるようになり、途中でリタイアせずに長続きできます。ですから、みなさんも**いろいろな時間帯で瞑想を試して、楽しく試行錯誤しながらご自身のペースをつかむ工夫をする**といいと思います。

そして最後に、みなさんを脅《おど》かすわけではありませんが、瞑想をやる上で注意しなければならないことがあります。それは、

神秘体験や不思議体験を瞑想の目的にしてはならない

ということです。「瞑想病」と呼ばれる状態に陥ってしまう人が、ごくたまにいます。誤ったやり方や間違えた方向を目指しながら瞑想を続けていくうちに、精神状態がよくないナチュラルハイやバッドトリップに入ってしまう可能性があることも否めません。

神秘体験や不思議体験を追い求めているうちに、次第に変な妄想がわいてきたり、俺は神に選ばれた特別な存在なのではないかと思い込んで、ひどい幻想や幻聴などを抱えてしまう人が、ごくまれにいるのです。そして「自分を観察し、ありのままの今を受け入れてリラックスし、本当の自分自身を取り戻す」という瞑想本来の目的を見失い、最悪まともな自我や社会性まで維持できなくなってしまいます。その悪い典型例が、元オウム真理教の教祖・麻原彰晃です。

中国の仏師で、臨済宗の開祖でもある臨済は「座禅の最中に（頭の中に）仏が現れたら槍で突け」と弟子たちに伝え、この瞑想病に罹《かか》ることを強く戒めたそうです。

僕はヘミシンクを使った瞑想で「自分神様」と会話などもできるようになれましたが、それは瞑想を続けた「結果」であって「目的」ではありません。そして僕が「自分神様」と交信できるようになった始めのうちは、「これは妄想や幻聴ではないか？」と、ずっと疑っていました。

そこで当時流行していたSNSの「mixi」で、ガイドと前世拝見の募集を募り、申し込んできた人全員に、僕が見た、その人の前世や、「自分神様」からのメッセージなどを詳細に文章に起こしたレポートを送りました。その上で、「あなたの性格や特性、考えていることなどで、僕が伝えた内容と違っていたり、『自分神様』からのメッセージを僕が読み違えているのではと思う部分はありませんか？　あれば遠慮なくはっきり教えてください」と伝えてきました。このような、自分のリーディングに大きな誤りがなかったかという検証作業を何十人と積み重ねていきました。

このSNSを通じた地道な検証を重ねた上でようやく、僕が受けた宇宙から受け取ったメッセージの信憑性に自信が持てるようになっていったのです。

瞑想の基本は、自分の呼吸など、今の自分の「状態」だけを静かに見つめることです。

雑念だけでなく、予想外の突飛な考えが頭をよぎったり、不思議な物が見えたり声が聞こえたりしても驚いたり深掘りせずに冷静に受け止めて、そしてサラリと受け流すことが大切です。

「いま、ここ」の流れのみに静かに乗ってそのまま流されていくことです。

この基本から足を踏み外さない、ということだけ気を付けていれば、瞑想病にかかることもないでしょう。

ここまで繰り返し説明してきたように、例え神秘体験や不思議体験など経験せずとも、瞑想を地道にやり続けていれば、それだけで脳が鍛えられて新しい回路も脳内に構築され、「自分神様」からのメッセージやアイデア、インスピレーションを直観的に受け取る、そのタイミングと情報量も気づかぬうちに自然と増えていくのでご安心ください。

神秘体験や不思議体験を目指そうとする必要はまったくありません。**ましてや瞑想をやったら絶対必ず悟りを開けるというものでもないでしょう。**

それよりも、**まずは脳のリラックスと心の健康を得ることを目指しましょう。**元気があればなんでもできる！　そして自分でも気づかぬうちに、ゆっくりと、でも確実に運勢も右肩上がりになっていくのですから。

「自分神様」とつながるポイント！

□瞑想は「心」だけでなく「体」にもたくさんのよい影響を及ぼす

□神秘体験・不思議体験を瞑想の目的にしない

□自分に合う瞑想法と、行うタイミングをいろいろ試してみよう

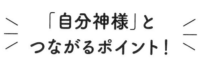

あとがき

僕が30代前半の頃、僕の母は「あの世」へと旅立っていきました。まだ50代半ばという若さでした。

母は30代の始め頃、膠原病《こうげんびょう》という難病指定の自己免疫性疾患を発症しました。当時の医学では、膠原病という病理の概念さえまだ確立されておらず、病気がいったい何の病気なのかすらわからず、あまり効果のない対症療法のみが医師たちの手探りの中で続きました。

関節性リウマチに始まり、甲状腺異常で何度も手術を受けたりと、入退院を繰り返してきました。そして40代くらいから間質性肺炎を発症し始めました。これは肺の細胞が徐々に線維化して固くなっていき、酸素を十分取り込めず、真綿で首を絞められるように肺と呼吸が苦しくなっていく病気です。

そんな間も少しずつ膠原病の研究は進んでいきました。ですが医学の進歩のおかげで、「膠原病は現代の医学では、まだはっきりした原因がわからず、根治《こんち》療法もまったくわからない」ということがわかったのです。その現実を知った時の母の心中を、想像するだけで胸が痛みます。

肺の機能が日増しに衰えて薬の副作用で免疫力もすっかり落ちていき、厳しい寒さが続いた、そんな真冬のとある日に、ついに母は肺結核に感染したことが判明し、その後2週間も経たずに息を引き取りました。

入院先の病院で、いよいよもうダメだとなった時、母本人より先に、家族である父と僕と妹が医師から余命宣告を受けました。そしてまず父ひとりで母の病室に入り、そのことを母に告げました。そして話がある程度できたであろう時間を見計らって、続いて僕と妹も病室に入りました。

病室の扉を開けた時、母はどんな顔をしているのだろう…もしかしたら号泣してまともに話もできないくらい錯乱しているかもしれない…。こんな重い気持ちで部屋の扉を開けるのは、おそらく人生最初で最後だと思います。

ですがその時の母の表情は、僕の方が驚いてしまうくらい、落ち着いていて穏やかでした。

おそらく母も自分の置かれた状況を察知していて、ある程度の覚悟も決めていたのだと思います。

母はゆっくりと電動ベッドの上半身だけ少し起こしてもらい、僕たち家族の顔を目に焼き付けるかのようにしっかりと見渡しました。

そして酸素マスク越しではあるけれど、ここ数日で一番というくらいの大きな声で、はっきりとこう言いました。

「うん、幸せな人生であった！」

そう言い切った母の顔にはかすかな笑みも浮かんでいました。

そしてこれが母の最期の言葉になりました。それからすぐに意識が朦朧としていき、その2時間後に息を引き取りました。本当にあっという間でした。

呼吸や心拍数を計測する機械のグラフがだんだんと弱まって、最後に一直線になり、ピー——ッという音だけが、病室の静寂の中で鳴り響いていました。

「ああ、これテレビのドラマで見たやつだ…ホントにこんななんだ…」ということくらいしか僕の頭には浮かばず、しばらく家族で黙ったまま呆然と、あの世へと旅立っていった母の周りを囲んでいました…。

母の人生の後半は24時間365日、ずっと病に苦しめられるものでした。常に痛みと苦しみを体に抱え、それに耐えながらの生活でした。

病だけでなく薬の副作用にも苦しめられ、すぐ呼吸が苦しくなるので長期の旅行を楽しむこともできず、塩分の濃い食事は控えなければならないため好きな物も自由に食べられず、まさに忍の一字の毎日でした。そんな母の晩年の口癖はずっと「苦しい…痛い…」でした。

こんなつらく苦しい毎日を送りながら死んでいった母の最期の言葉が、

「幸せな人生であった！」

なのです…。芯が強く、そして本当に優しかった母を僕は心から尊敬します。母の子供に生まれてきてよかったと心から思います。そしてさらに考えます。

幸せな人生を送るのに、本当に必要なものは何なのか？

母が亡くなって以降、その答えを知ることが、僕の人生のテーマにもなっていったような気がします。

そして母の死後、僕は禅や瞑想や気功などについて書かれたスピリチュアル系の本をさらに読み漁るようになり、その中でヘミシンクを知り、いろんな瞑想法にも取り組み、僕自身まったく予想だにしていなかった不思議な能力に突然目覚め、そして現在に至ります。

それからいつも思うのです。

「いったいなぜ僕は、よりによってこんなヘンテコリンな能力を得てしまったのだろう？」

と…。


少なくとも言えることは、会社勤めをしている普通のサラリーマンがこんな能力に目覚めたところで、仕事に役立てられることはまったくありません。会社の同僚や上司に話そうものなら完全に〝頭がおかしくなったヤツ〟と思われて、会社に居づらくなるだけです。

どうせ人と違う能力を持てるなら、霊やオーラが見えるようなあまりに変わった目や脳ではなく、生まれながら人並み外れた動体視力と身体能力を持ち、メジャーリーガーの大谷翔平選手のようになれた方が、世界の大スターになってお金もたくさん稼げます。

あ〜あ〜…どうせなら〝そっち〟の方がよかったな〜…と何度つぶやいたことでしょう。

そして次に、僕は考えます。

「こんなヘンテコリンな能力に目覚めてしまった僕にできることって、なんだろう…」

幸い僕は、文章を書くことが好きです。僕が綴った文章を読んでくれた人が、プッと軽く吹き出して、ほんの少しでもいつもより楽しい時間を過ごしてくれたなら、僕にとってこれ以上の喜びはありません。

だから「僕にできること」はきっと、こうして自分の体験や、「自分神様」たちからのいろんなメッセージを、文章にして人に伝えることなのでしょう。そして僕の「自分神様」も、僕がこうして文章を綴ることを望んでいるようなのです。僕に**「宇宙の広報担当」**になって欲しいようなのです。

ですから、この本を手に取ってくださったひとりでも多くの方が、「自分神様」の存在を信じてくれるようになり、「自分神様」がみなさんに望むことをもっと知ろうとし、そしてより幸せな人生をこれから歩んでいける、この本がその小さなきっかけになってくれれば、それは僕にとって何より幸せなことなのです。

最後に、この本の刊行にご尽力くださった、編集者の高橋聖貴さん、株式会社ナチュラルスピリットの今井さん、田中智絵さんに、心からの感謝と御礼を申し上げます。

参考文献

『怒らないこと』『怒らないこと2』アルボムッレ・スマナサーラ 著（だいわ文庫 刊）
『天才を育てた親はどんな言葉をかけていたのか？』真山知幸・親野智可等 著（サンマーク出版 刊）

著者紹介

とみなが 夢駆《むんく》

第二次ベビーブームの波に乗り、某県の山あいの小さな田舎町に爆誕。近所の大人たちから神童だと騒がれることもなく、多感ながらもボンヤリとしたまま成長する。

高校卒業後、都内の某中堅私立大学に入学。バブルと、その崩壊を遠くで眺めつつ、就職氷河期にブルブル震えながら、大学卒業後、某大手企業に入社、現在に至る。

30代前半の時ひどい腰痛を患い、都内有名病院の整形外科を受診するも、初見で匙を投げられ現代の西洋医学的療法の限界に絶望。代替療法を模索するうちに、東洋医学を皮切りに東洋思想も探求するようになり、やがて宗教や精神世界にも傾倒するようになる。

それから数年後、アメリカ人技術者のロバート・モンローが開発した『ヘミシンク』® という特殊音響信号入りの瞑想補助 CD を聴きながら瞑想中に、脳内に秘められていた不可思議な能力に突如目覚め、体外離脱を何度も経験し、その後「自分神様」（＝守護霊）の姿が脳内に現れて会話もできるようになる。

ある SNS に掲出した、その体験日記が反響を呼んで多くのフォロワーを集めるようになり、その体験記をもとに、2010 年に『体外離脱するサラリーマン―ヘミシンクで“誰でもできる”不思議体験―』（ハート出版）を上梓。

セミナーや全国各地で講演会を開催するなど、サラリーマンとの二足の草鞋を履きながら精力的に活動するも、本業の仕事とプライベートの家庭環境の変化で多忙になったため、それらの活動は現在は休止中。我が子を深い愛で際限なく甘やかせる親バカ。

○著者ブログ
「体外離脱サラリーマンとみなが夢駆の開運引き寄せブログ」
https://blog.goo.ne.jp/femiohji2370

○著者 Facebook
https://www.facebook.com/tominaga.munch6093

○著者 Twitter
@tominagamunch

年収1600万円の霊能サラリーマンが実践する
強運・金運を呼ぶ5つの習慣
「自分神様」とつながる！

●

2023年2月23日　初版発行

著者／とみなが夢駆

装幀・DTP／Dogs Inc.
編集／高橋聖貴

発行者／今井博揮
発行所／株式会社 ナチュラルスピリット
〒101-0051 東京都千代田区神田神保町3-2 高橋ビル2階
TEL 03-6450-5938　FAX 03-6450-5978
info@naturalspirit.co.jp
https://www.naturalspirit.co.jp/

印刷所／シナノ印刷株式会社

ISBN978-4-86451-427-9 C0011
落丁・乱丁の場合はお取り替えいたします。
定価はカバーに表示してあります。